HARMONÓGRAFO
UM GUIA VISUAL PARA A MATEMÁTICA DA MÚSICA

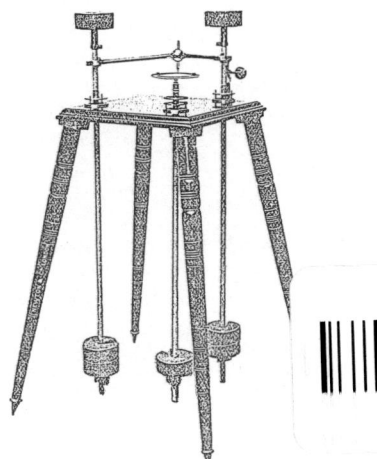

Anthony Ashton

Tradução: Jussara Almeida de Trindade

Copyright © Wooden Books Limited 2003
Published by arrangement with Alexian Limited
Copyright desta edição © 2017 É Realizações
Título original: *Harmonograph – A visual guide to the mathematics of music*

Editor | Edson Manoel de Oliveira Filho

Produção editorial | É Realizações Editora

Preparação e revisão de texto | William C. Cruz

Projeto gráfico e capa | Mauricio Nisi Gonçalves e André Cavalcante Gimenez

Reservados todos os direitos desta obra. Proibida toda e qualquer reprodução desta edição por qualquer meio ou forma, seja ela eletrônica ou mecânica, fotocópia, gravação ou qualquer outro meio de reprodução, sem permissão expressa do editor.

Cip-Brasil. Catalogação na Fonte
Sindicato Nacional dos Editores de Livros, RJ

A855h

    Ashton, Anthony

        Harmonógrafo : um guia visual para a matemática da música / Anthony Ashton ; tradução Jussara Almeida de Trindade. - 1. ed. - São Paulo : É Realizações, 2017.

        64 p. : il. ; 15 cm.

        Tradução de: Harmonograph - a visual guide to the mathematics music
        ISBN 978-85-8033-228-5

    1. Teoria musical - Matemática. 2. Música - Teoria. I. Trindade, Jussara Almeida de. II. Título.

17-43852   CDD: 781
                                                                                                                              CDU: 781

04/08/2017   07/08/2017

É Realizações Editora, Livraria e Distribuidora Ltda.
Rua França Pinto, 498 · São Paulo SP · 04016-002
Caixa Postal: 45321 · 04010-970 · Telefax: (5511) 5572 5363
atendimento@erealizacoes.com.br · www.erealizacoes.com.br

Este livro foi impresso pela Paym Gráfica e Editora em outubro de 2017. Os tipos são da família Weiss BT, Trajan Pro, Fairfield LH e Brioso Pro. O papel do miolo é o Avena 80 g, e o da capa cartão Ningbo C2 250 g.

Sumário

Introdução	5
A descoberta da harmonia	8
O monocórdio da criação	10
Sobretons e intervalos	12
Tons e semitons	14
Organizando as harmonias	16
As figuras de Lissajous	18
O pêndulo	20
Dois harmonógrafos	22
Uníssono simples 1:1	24
Quase uníssono	26
Uníssono rotativo 1:1	28
A oitava lateral 2:1	30
A oitava rotativa 2:1	32
A quinta lateral 3:2	34
A quinta rotativa 3:2	36
A quarta 4:3	38
Outros harmônicos	40
Amplitude	42
Dificuldades de afinação	44
Temperamento igual	46
O caleidofone	48
Padrões de Chladni	50
Imagens de ressonância	52
Apêndice A: Afinações e intervalos	54
Intervalos musicais selecionados	55
Apêndice B: Modos e equações	56
Apêndice C: Tabelas de padrões	58
Apêndice D: Construindo um harmonógrafo	60
Notas da tradutora	62

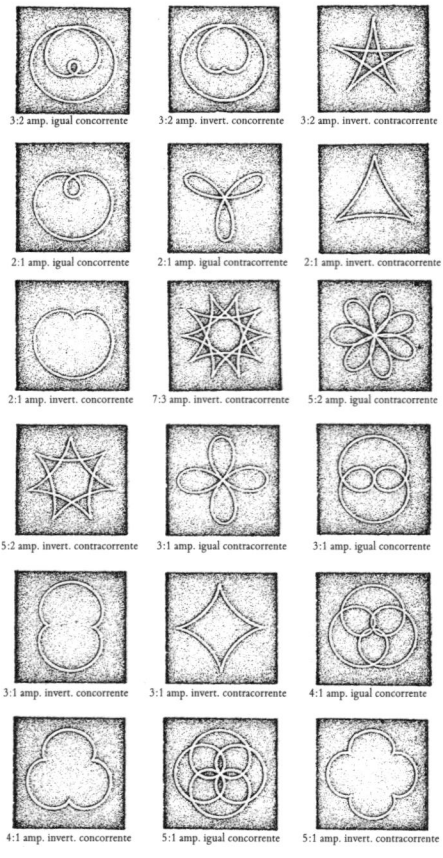

Padrões harmônicos do Index to the Geometric Chuck *(1875), de Sir Thomas Sebastian Bazley, que mostram fases concorrentes e contracorrentes com amplitudes iguais e invertidas.*

Introdução

Muitos dos desenhos neste livro foram produzidos por um instrumento científico simples conhecido como harmonógrafo, uma invenção atribuída, em 1844, a um certo professor Blackburn.[1] Ao final do século XIX, esses instrumentos parecem ter atingido certa popularidade. Senhores e senhoras vitorianas compareciam a *soirées* – reuniões sociais, como saraus – ou *conversazioni*,[2] reunindo-se em volta desses instrumentos e exclamando com espanto quando viam aparecer os bonitos e misteriosos desenhos. Uma loja de Londres chegou a vender modelos portáteis que podiam ser dobrados, acondicionados em uma maleta e levados para uma festa. É bem possível que, hoje em dia, alguns desses instrumentos ainda estejam escondidos em sótãos por todo o mundo.

A partir do momento em que vi pela primeira vez desenhos deste tipo, fiquei encantado: não só por causa de sua estranha beleza, mas porque pareciam ter um significado – que se tornou mais claro e profundo quando descobri como construir e operar um harmonógrafo. O instrumento desenha ilustrações de harmonias musicais, unindo som e imagem.

No entanto, antes de prosseguir, sinto que deveria emitir um alerta de saúde. Se você também se sentir tentado a seguir este caminho, cuidado! Ele é tão fascinante quanto demorado.

Devo reconhecer minha dívida para com um livro chamado *Harmonic Vibrations*. Foi ao deparar com esse livro em uma biblioteca, logo após o fim da Segunda Guerra Mundial, que fui apresentado ao harmonógrafo. Vendo que o livro havia sido publicado por uma empresa de fabricantes de instrumentos científicos localizada em Wigmore Street, um dia fui verificar se eles ainda estavam lá. Estavam, embora reduzidos a meros fabricantes e vendedores de projetores. Entrei na loja e levantei minha cópia do livro encontrado na biblioteca para que o velho atrás do balcão o visse.

– Você tem alguma cópia deste livro sobrando? – perguntei a ele.

Encarou-me como se eu fosse algum tipo de fantasma, e saiu, arrastando-se, sem dizer palavra; retornou em poucos minutos com uma cópia empoeirada e não encadernada do livro.

– Isso é maravilhoso – disse eu. – Quanto quer por ele?

– Leve-o – disse ele. – É a nossa última cópia, e estamos fechando amanhã.

Desde então, sempre senti que, um dia, deveria escrever este livro.

Girton, 2002

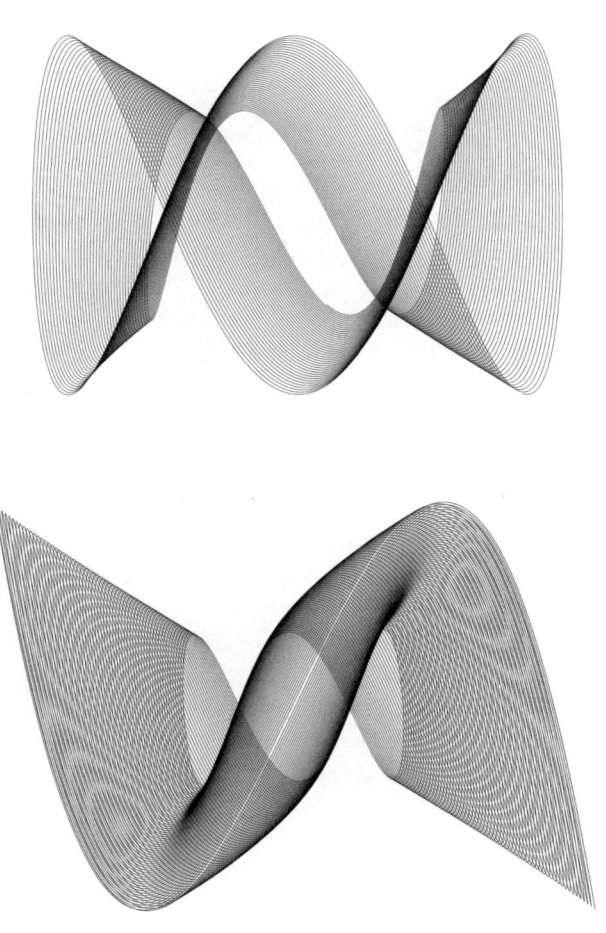

A descoberta da harmonia
Ao passar por um ferreiro

Para entender o que o harmonógrafo faz, precisamos primeiro olhar para os elementos da teoria musical.

É creditada a Pitágoras, cerca de 2.500 anos atrás, a descoberta de que a agradável experiência da harmonia musical surge quando a relação entre frequências consiste em números simples. Uma história conta que, durante uma caminhada, ele passou pela loja de um ferreiro. Ao ouvir harmonias familiares nos tons emitidos pelo toque dos martelos na bigorna, Pitágoras resolveu entrar, e foi capaz de determinar que os pesos dos martelos eram os responsáveis pelas respectivas notas.

Um martelo que pesava metade de outro martelo emitia o som de uma nota duas vezes mais alta, ou seja, uma *oitava* (2:1). Um par de martelos que pesavam o equivalente a 3:2 emitia belas notas, um *quinto* distantes uma da outra. Relações simples criavam sons atraentes.

A imagem ao lado mostra os experimentos que Pitágoras passou a fazer (a partir da *Theorica Musice*, de Garufio, 1492) quando descobriu que todos os instrumentos musicais simples trabalham basicamente do mesmo modo, sejam eles golpeados, tocados ou soprados.

Profundamente impressionado por essa ligação entre música e número, Pitágoras chegou à conclusão metafísica de que toda a natureza consiste em harmonia resultante do número, ideia precursora da hipótese da física moderna de que a natureza obedece a leis expressas em forma matemática. Olhando para a imagem, você verá que, em cada exemplo – martelos, sinos, copos, pesos e tubos –, aparecem os mesmos números: 16, 12, 9, 8, 6 e 4. Esses números podem ser emparelhados de várias maneiras, todas elas agradáveis ao ouvido e, como veremos, também agradáveis aos olhos.

O MONOCÓRDIO DA CRIAÇÃO
Uma teoria das cordas singular

Há sete oitavas no teclado de um piano, e quase onze na faixa total de som ouvido por uma pessoa comum. A nota mais alta de cada oitava tem uma frequência duas vezes maior que a primeira nota, de modo que a frequência aumenta *exponencialmente*, em uma escala que inicia em 16 ciclos por segundo (16 Hertz), com a menor nota do órgão, e termina com cerca de 20 mil ciclos por segundo. Abaixo de 16 Hertz experimentamos o *ritmo*. Uma série de dez oitavas representa um aumento de mil vezes na frequência ($2^{10} \approx 10^3$).

Há uma dica aqui do que podemos pensar como o "grande monocórdio"[3] do universo, também em uma escala, desta vez alongando-se a partir de uma única flutuação quântica na parte inferior, para o universo observável no topo, passando pelas várias "oitavas" de átomo, molécula, quantidades de matéria sólida, líquida e gasosa, criaturas grandes e pequenas, planetas, estrelas e galáxias. Aqui, a escala também é exponencial, mas geralmente medida em potências de dez, e cobre uma gama de mais de 10^{40}.

A gravura de Robert Fludd (*página ao lado*), do século XVII, conta uma história semelhante: a escala musical segue o mesmo princípio exponencial subjacente ao modelo do universo.

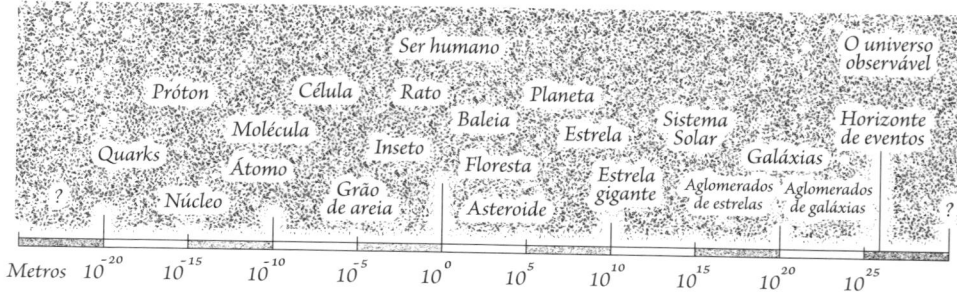

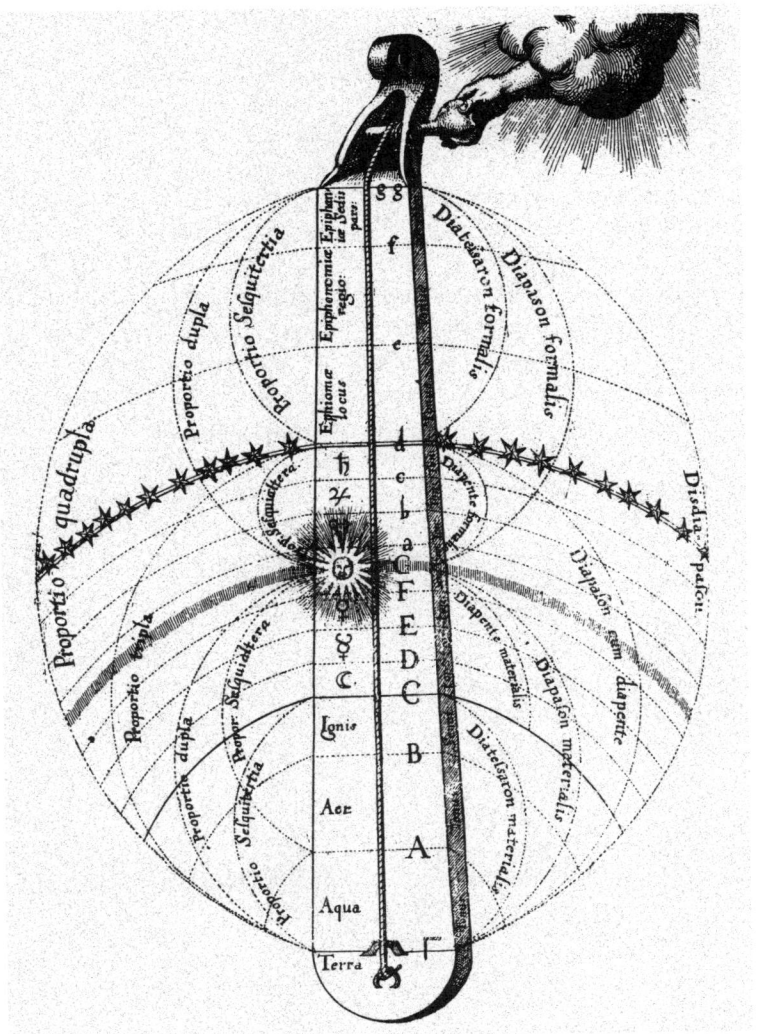

Sobretons e intervalos
Relações harmônicas dentro e fora da oitava

Como são construídas as escalas musicais? Ouça com muita atenção quando puxar uma corda de um instrumento, e ouvirá não apenas a nota principal, ou *tônica*, mas também uma infinidade de outros harmônicos, os *sobretons*.

O princípio é o da ressonância harmônica, e afeta não apenas cordas e martelos de toque, mas também as colunas de ar e as placas. Tocando uma corda com uma pena, na metade ou no terceiro ponto, como mostra a figura abaixo, favorecemos pontos fixos espaçados regularmente, chamados *nós*, e podemos produzir um sobretom ao curvar o lado mais curto. Os primeiros três sobretons são mostrados na imagem ao lado (*acima*).

Os músicos, no entanto, precisam de notas com intervalos um pouco mais próximos do que a série de sobretons, que se harmonizem *dentro* de uma oitava. O diagrama inferior, na imagem ao lado, mostra a série de sobretons, à esquerda, e os intervalos desenvolvendo-se dentro da oitava, à direita, em ordem de dissonância crescente, ou de complexidade.

"Toda discórdia, harmonia não compreendida",[4] escreveu Alexander Pope. O cérebro parece entender facilmente as relações implícitas em harmonias simples, uma conquista que traz prazer; mas, com uma complexidade crescente, ele vacila e falha, e a falha é sempre desagradável. Para a maioria das pessoas, o prazer diminui conforme a desarmonia aumenta, ao final da série na imagem ao lado. E, como veremos, é neste ponto que os desenhos do harmonógrafo também desaparecem.

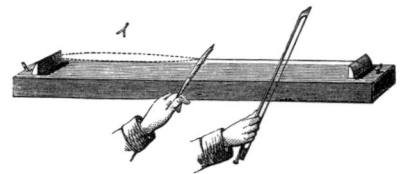 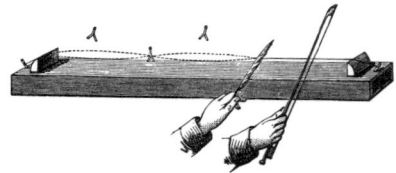

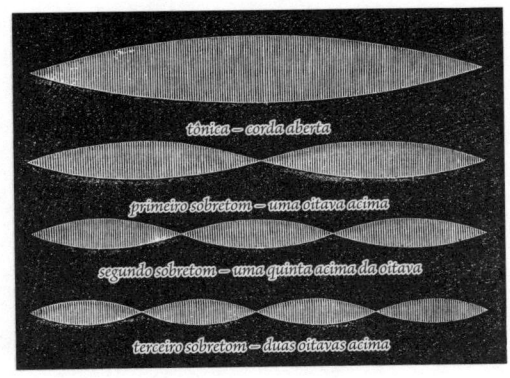
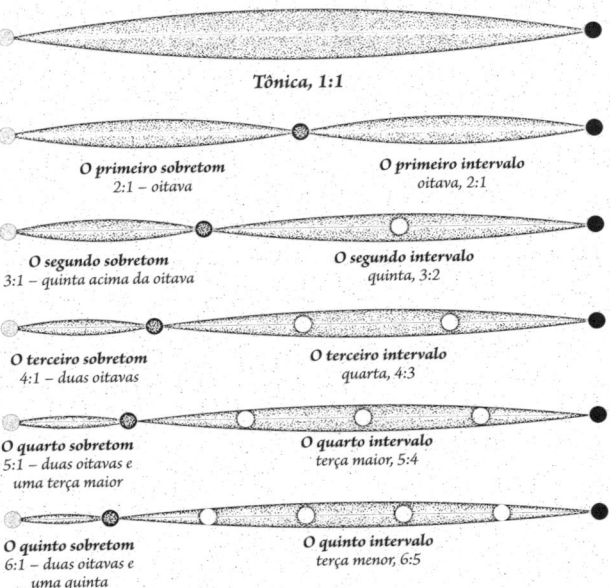

Tons e semitons
A quarta e a quinta oitavas recebem seus nomes

Os martelos de Pitágoras escondem um conjunto de relações dominadas por oitavas (2:1), quintas (3:2) e quartas (4:3). A quinta e a quarta juntam-se para formar uma oitava (3:2 x 4:3 = 2:1), e a diferença entre elas (3:2 ÷ 4:3) é chamada *tom*, valor 9:8.

Um padrão natural evolui rapidamente, produzindo sete *nós* discretos (ou *notas*), separados por dois *semitons* e cinco tons, como o Sol, a Lua e os cinco planetas do mundo antigo.

O intervalo da quinta (3:2) divide-se naturalmente em uma terça maior e uma terça menor (3:2 = 5:4 x 6:5): a terça maior compreende essencialmente dois tons, e a terça menor compreende um tom e um semitom. As terças maiores podem ser colocadas antes das menores (*para produzir a escala maior apresentada na terceira linha da imagem ao lado*), ou colocadas de outras maneiras.

Dependendo de seus movimentos harmônicos, ou *melodia*, aparecem *afinações* diferentes; por exemplo, dois tons perfeitos (9:8 x 9:8 = 81:64) não são, de fato, a terça maior perfeita 5:4, mas são levemente elevados como 81:80 (a *coma sintônica* ou *sinóptica*, a *shruti* indiana, ou a *coma de Dídimo*).

Relações simples, a oitava e a quinta, deram origem a uma *escala* básica, um padrão de tons e semitons; e, dependendo do ponto na sequência que chamarmos origem, são possíveis sete *modos*.

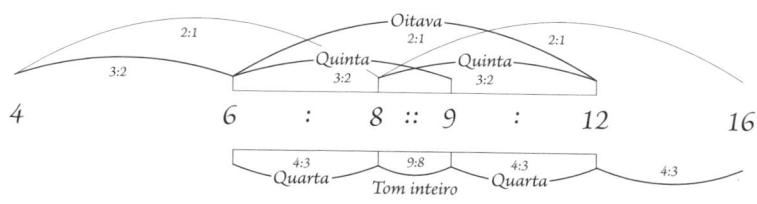

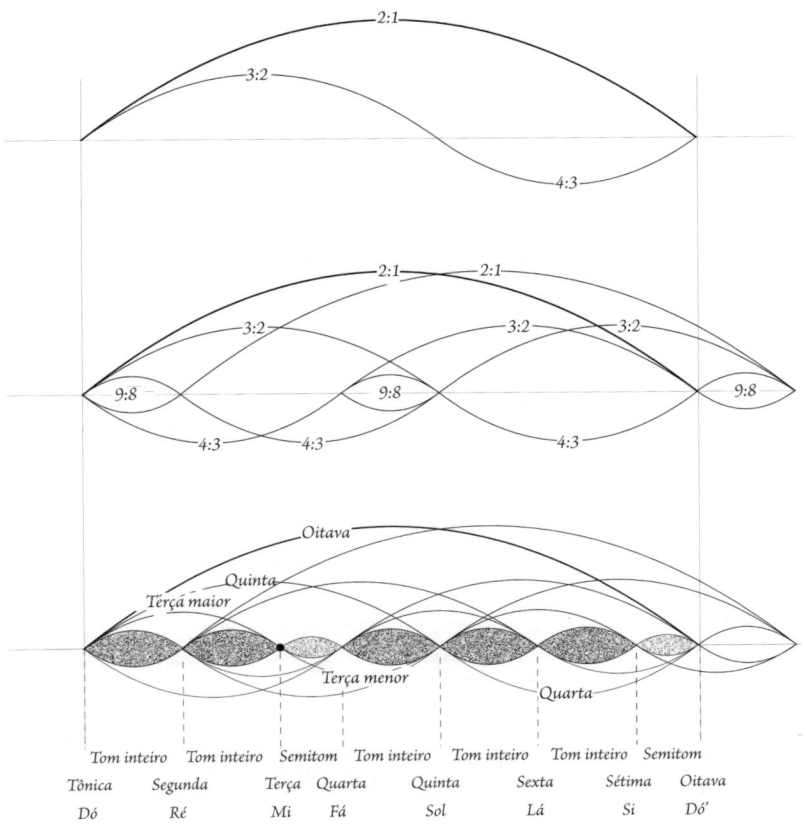

Acima: A manifestação fundamental da escala maior. Em sintonia pitagórica, todos os tons são exatamente 9:8, criando o semitom leimma, na razão 256:243, entre a sua terça maior (81:64) e a quarta perfeita (4:3). A sexta e a sétima são definidas como tons perfeitos sucessivos acima da quinta. Em sintonia diatônica, a terça maior é perfeita em 5:4, o que comprime o segundo tom para 10:9 (um tom menor), deixando 16:15 como o semitom diatônico até a quarta. A sexta diatônica é 5:3, uma terça maior acima da quarta, um tom menor acima da quinta. A sétima diatônica (15:8) é um tom maior acima disso, uma terça maior acima da quinta e um semitom abaixo da oitava.

Organizando as harmonias
O poder do silêncio

As relações simples dos sobretons e subtons (ou meios-tons) primários podem ser representadas em uma antiga grade conhecida como *lambdoma* (*figura superior, imagem ao lado*), a partir da letra grega λ (lambda). Alguns intervalos têm o mesmo valor (por exemplo, 8:4 = 6:3 = 4:2 = 2:1) e, se forem desenhadas linhas através deles, rapidamente se torna evidente que as identidades convergem na silenciosa e misteriosa relação 0:0, que está "fora do diagrama".

Um dispositivo mais contemplativo, usado pelos pitagóricos, era o *tetraktys*, um arranjo triangular de dez elementos em quatro linhas (1 + 2 + 3 + 4 = 10). A forma básica é dada na figura inferior esquerda, na imagem ao lado, com as primeiras três linhas produzindo os intervalos simples. Em outro lambdoma (*figura inferior direita*), os números são dobrados do lado esquerdo e triplicados do lado direito, o que cria tons horizontalmente separados de seus vizinhos por quintas perfeitas. Após a trindade (1, 2 e 3), observe os números produzidos – 4, 6, 8, 9, 12 – e, depois, olhe novamente para a figura da página 9.

Abaixo são mostradas as posições de intervalo num monocórdio.

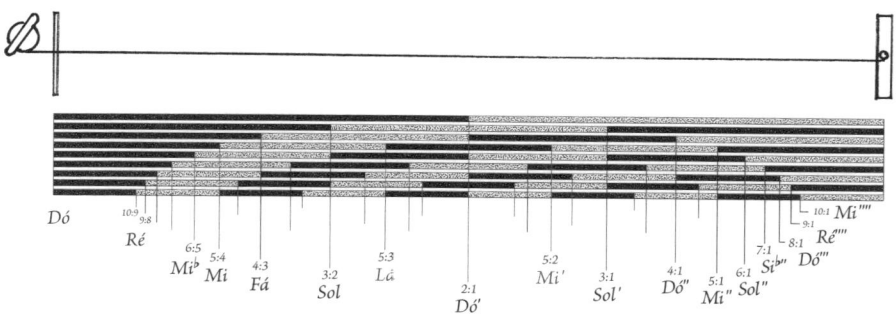

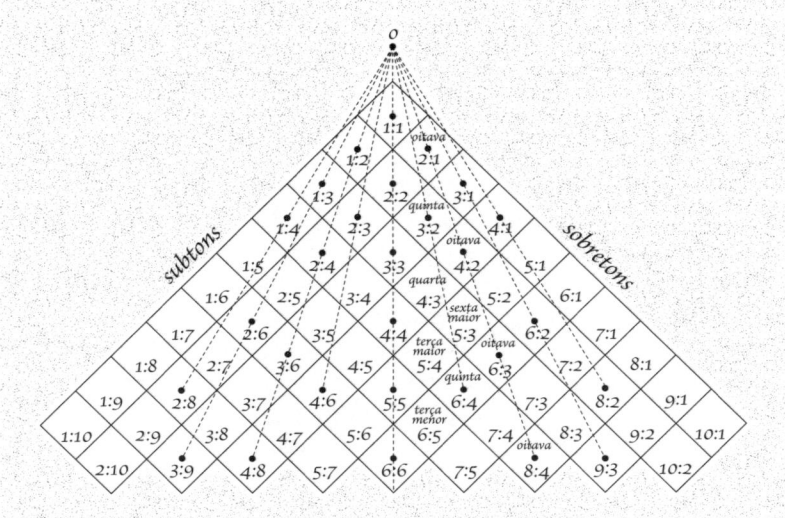

As afinações pitagóricas e medievais, chamadas "limite-três", não reconheciam intervalos verdadeiros, a não ser para as relações que envolvem 1, 2 e 3. O lambdoma abaixo à direita expressa isso numericamente, já que qualquer elemento se relaciona a qualquer vizinho por razões que envolvem apenas 1, 2 e 3, a fim de podermos nos mover por oitavas e quintas. Também aparecem relações quadradas ($4 = 2^2$, $9 = 3^2$) e cúbicas ($8 = 2^3$, $27 = 3^3$). Acrescente linhas adicionais, e os números para a escala pitagórica logo surgem: 1, 9:8, 64:81, 4:3, 3:2, 27:16, 16:9 e 2:1. São quatro quintas e cinco quartas, mas não há terças perfeitas ou sextas. Estas surgiram depois, com a escala diatônica e suas terças perfeitas (6:5:4), conforme a polifonia e os acordes foram lentamente tornando-se mais comuns que o cantochão, o organum e outras práticas pré-polifônicas.

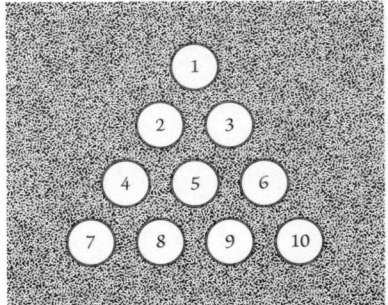
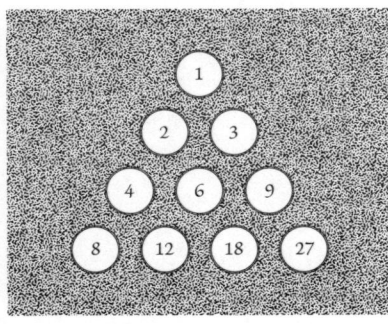

AS FIGURAS DE LISSAJOUS
Som feito forma

Em meados do século XIX, um matemático francês, Jules Lissajous, concebeu um experimento: descobriu que, se um pequeno espelho fosse colocado na ponta de um diapasão, e um feixe de luz fosse apontado para ele, a vibração poderia ser projetada em uma tela escura. Quando o diapasão era golpeado, produzia uma pequena linha vertical que, se lançada rapidamente para os lados com a ajuda de outro espelho, produzia uma onda senoidal (*imagem abaixo*).

Lissajous imaginou o que aconteceria se, em vez de lançar a onda para os lados, colocasse outro diapasão em ângulo reto com o primeiro, para produzir o movimento lateral. Ele descobriu que os diapasões, com frequências relativas em proporções simples, produziam belas formas, conhecidas atualmente como figuras de Lissajous.

Na tela escura (*imagem ao lado, acima*), vemos a oitava (2:1) como a figura de um oito e, abaixo, várias fases das terças maior e menor. Essas são algumas das primeiras imagens fugazes de harmonia que, indubitavelmente, se tornaram familiares ao professor Blackburn quando criou o harmonógrafo.

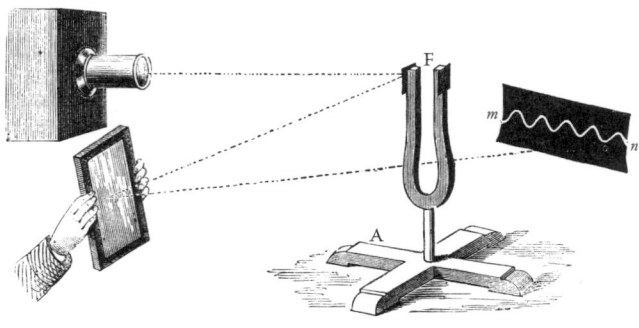

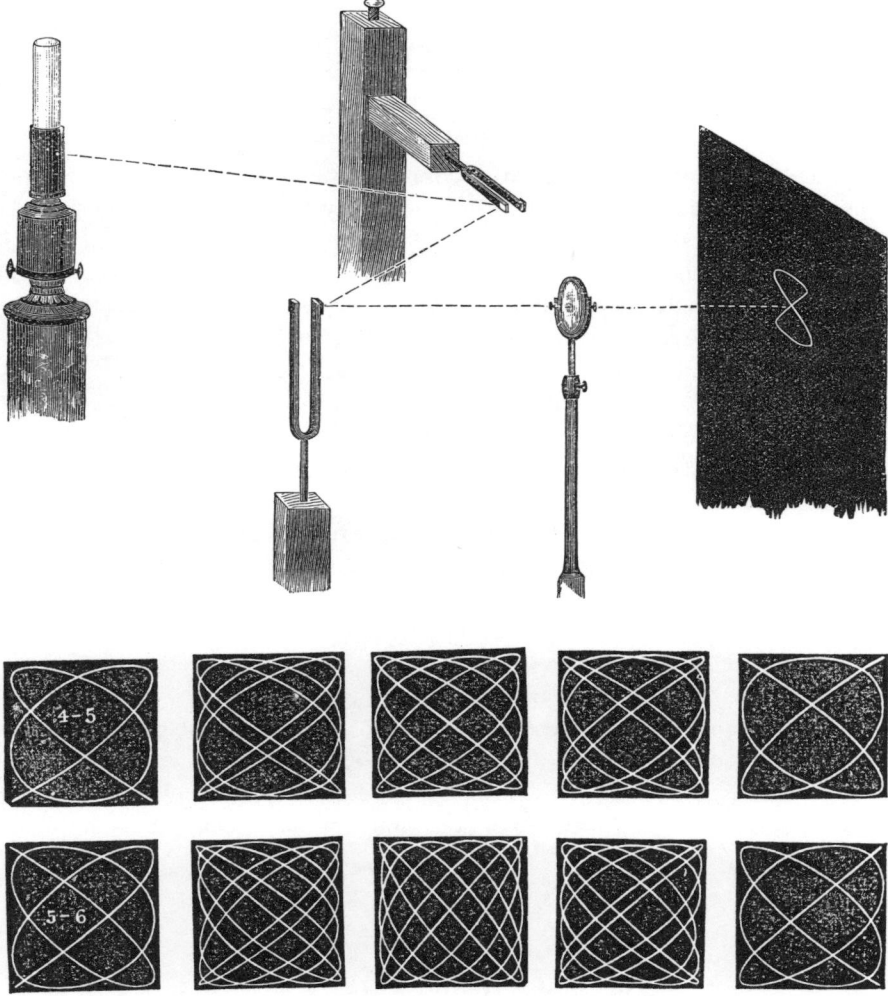

O PÊNDULO
Mantendo o tempo

A lei fundamental da física afirma (em uma formulação) que qualquer sistema fechado, se abandonado a si mesmo, sempre passará a um estado de equilíbrio a partir do qual nenhuma outra mudança é possível.

Um pêndulo é um bom exemplo disso. Quando puxado do centro para começar a oscilar, encontra-se em estado de extremo desequilíbrio. Uma vez solto, a força cinética de seu movimento carrega-o até quase o mesmo ponto do lado oposto. Mas, enquanto balança, o pêndulo vai perdendo energia, em forma de calor, devido ao atrito em seu ponto de articulação, e por atravessar o ar. Em consequência disso, seu movimento enfraquece até que, finalmente, ele descansa em estado de equilíbrio na posição central.

Retornando 500 anos, temos Galileu, que, ao observar uma lamparina oscilando na catedral de Pisa, percebe que a frequência de oscilação de um pêndulo depende de seu comprimento: quanto mais longo o braço do pêndulo, menor a frequência. Assim, a frequência pode variar à vontade, fixando-se o peso em diferentes alturas. Mais importante ainda, enquanto o pêndulo não parar, a frequência de oscilação permanecerá a mesma.

Por consequência, temos aqui uma maneira perfeita para representar um tom musical, desacelerado cerca de mil vezes até o nível de percepção visual humana. Para um harmonógrafo simples, são usados dois pêndulos para representar uma harmonia, um deles com o peso mantido em seu ponto mais baixo, enquanto, no outro, o peso é movido para onde quer que se produza a relação necessária.

Como veremos, o harmonógrafo combina essas duas vibrações em um único desenho, assim como dois tons musicais, quando tocados juntos, produzem um único som complexo.

O comprimento teórico do pêndulo variável que produzirá
cada harmonia pode ser calculado, pois a frequência de um
pêndulo é inversamente proporcional à raiz quadrada de seu
comprimento. Isso significa que, embora a frequência dobre
dentro da oitava, o comprimento do pêndulo é reduzido por
um fator de quatro. As figuras são de um pêndulo de 80 cm
de comprimento, conveniente para um harmonógrafo.
Esses marcadores teóricos fornecem "tiros de teste" úteis
para a maioria das harmonias.[5] Note que o comprimento do
pêndulo é medido a partir do fulcro até o centro do peso.

Nome do intervalo	Nota aproximada	Relação diatônica	Comprimento (cm)	Frequência (S^1)
Oitava	Dó'	2:1	20	66,0
Sétima maior	Si	15:8	22,8	62,8
Sétima menor	Si♭	9:5	24,7	59,4
Sexta maior	Lá	5:3	28,8	55,8
Sexta menor	Sol♯	8:5	31,2	53,6
Quinta	Sol	3:2	35,6	50,3
Quarta	Fá	4:3	45,0	44,7
Terça maior	Mi	5:4	51,2	41,9
Terça menor	Mi♭	6:5	55,6	40,2
Segunda	Ré	9:8	63,2	37,7
Semitom	Dó♯	16:15	70,3	35,7
Uníssono	Dó	1:1	80	33

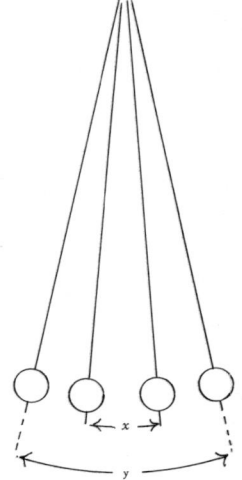

Quando um pêndulo é puxado e, em seguida, liberado, o peso tenta
cair em direção ao centro da Terra, acelerando enquanto faz o movimento. À medida que vai parando de oscilar, a taxa de aceleração, e,
portanto, a velocidade de deslocamento, é reduzida, mas em proporção equivalente à distância do percurso. O resultado é que o período
(o tempo necessário para duas batidas), ou o número de períodos em
dada unidade de tempo (a frequência), permanece inalterado. Na
figura à esquerda, as frequências das batidas x e y são as mesmas.
Para a fórmula do pêndulo, consultar a página 57.

Dois harmonógrafos
Lateral e rotativo

Na versão mais simples do instrumento, dois pêndulos são pendurados em uma mesa através de furos, balançando em ângulos retos entre si. Prolongando-se acima da mesa, o eixo de um dos pêndulos segura uma pequena plataforma com um pedaço de papel preso nela, enquanto o eixo do outro pêndulo carrega um braço com uma caneta.

À medida que os pêndulos balançam, a caneta faz um desenho que é o resultado de seus movimentos combinados (*lado esquerdo, imagem ao lado*). Ambos os pêndulos começam com o mesmo comprimento, mas desenhos adicionais podem ser obtidos quando o comprimento de um deles é reduzido, deslizando-se seu peso para cima e prendendo-o com uma braçadeira em diversos pontos. Por sua vez, as relações harmônicas podem ser reveladas pelos desenhos.

Ao utilizar três pêndulos, no entanto, dois movimentos circulares, ou *rotativos*, podem ser combinados, com resultados fascinantes (*lado direito, imagem ao lado*). Dois dos pêndulos oscilam em ângulos retos como antes, mas agora estão ambos conectados à caneta, que desenha um círculo simples em todos os modelos rotativos.

Situado sob a caneta que gira, o terceiro pêndulo, variável, está elevado por argolas de suspensão, um dispositivo familiar a qualquer pessoa que tenha usado uma bússola ou um fogão no mar. Neste caso, o dispositivo funciona como um ponto de apoio giratório, permitindo que esse pêndulo, segurando a plataforma com o papel, balance sob a caneta em um segundo círculo. À medida que a caneta é abaixada, os dois círculos são combinados no papel.

Outra fonte de variação também é introduzida aqui, pois os dois movimentos circulares podem oscilar na mesma direção (concorrente) ou em direções opostas (contracorrente), produzindo desenhos espantosos com características muito diferentes.

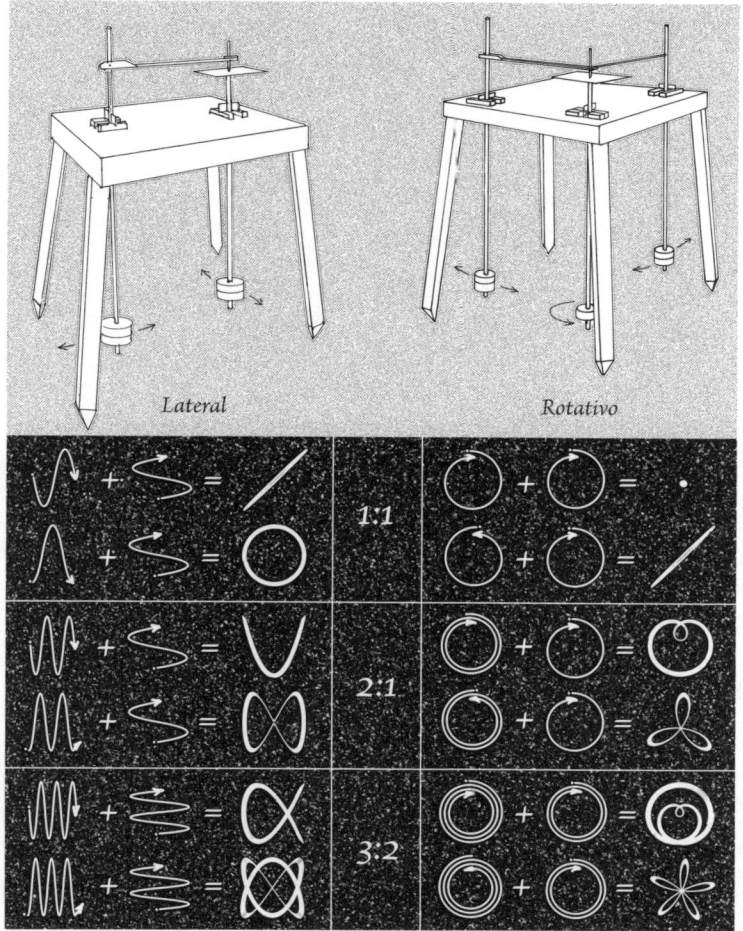

Os dois harmonógrafos e alguns dos padrões simples que eles desenham. À esquerda, a versão lateral simples e seus padrões (fases aberta e fechada).
À direita, o harmonógrafo rotativo de três pêndulos e seus desenhos (concorrente e contracorrente).

Uníssono simples 1:1
E a seta do tempo

O desenho mais simples do harmonógrafo é produzido quando ambos os pêndulos têm o mesmo comprimento e a mesa é fixa. Com a caneta sem tocar o papel, os dois pêndulos são puxados para os seus pontos mais altos. Um deles é posto em movimento, seguido pelo outro quando o primeiro está em seu ponto médio. A caneta é, então, baixada sobre o papel para produzir um círculo que se desenvolve em uma única espiral.

Se os dois pêndulos forem lançados juntos, então o resultado será uma linha reta diagonal através do papel, a fase "fechada" da harmonia, em oposição à fase circular "aberta". Nos pontos de fase intermediária, aparecem formas elípticas (*imagem abaixo*).

A cessação do movimento dos pêndulos do harmonógrafo é um paralelo exato com o desvanecimento de notas musicais produzidas por cordas dedilhadas, e também pode ser pensada como a representação gráfica da "seta do tempo" (*imagem ao lado*), com as relações imutáveis das frequências representando o caráter eterno da lei natural. As características dos desenhos resultam do encontro desse processo de cessação com as "leis" representadas pelas várias relações entre as frequências. Assim, vemos que a música, como o mundo, é formada a partir de princípios matemáticos imutáveis, implementados no tempo, criando complexidade, diversidade e beleza.

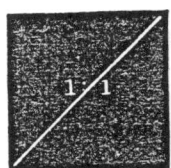 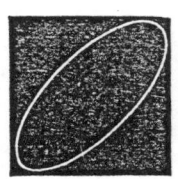 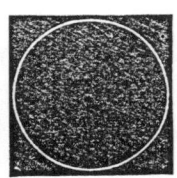 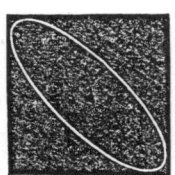 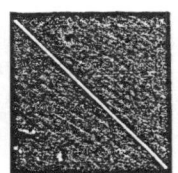

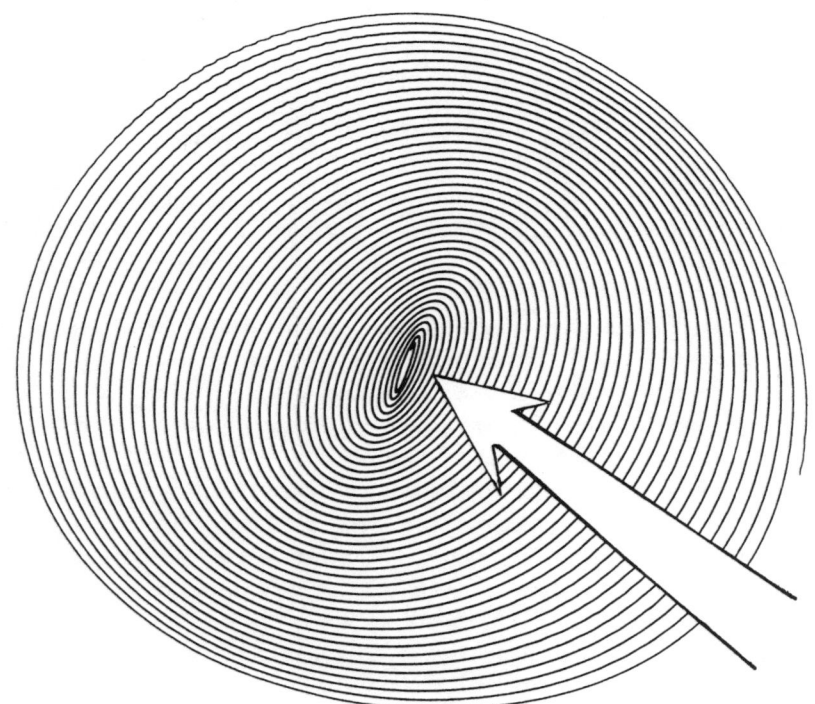

A direção inexorável da mudança, ligada à assimetria do tempo (antes-agora-depois), foi vividamente descrita pelo cientista Arthur Eddington (1882-1944) como "a seta do tempo". Durante o processo de contínua degradação universal, a diminuição do estoque de energia "útil" encontra uma hierarquia de leis físicas fixas, em conformidade com fórmulas matemáticas, e é pela interação dessas leis imutáveis com a seta do tempo que surge um mundo em transformação, de surpreendente complexidade, diversidade e beleza. O pêndulo passa de um estado de desequilíbrio para um de equilíbrio, e isso também é verdade, dizem-nos, quanto ao universo, o derradeiro "sistema fechado". De um estado de desequilíbrio extremo, o universo mergulhou, através do "Big Bang", em seu futuro estado final de total equilíbrio gélido e escuro. Entre o início e o fim, há uma transformação contínua e crescente de energia "útil" – capaz de formar estruturas temporárias e causar eventos – em energia "inútil" perdida para sempre.

Quase uníssono
Fases laterais e frequências de batimento

Uma fonte de agradável variedade nos desenhos do harmonógrafo vem de pequenos desvios a partir de harmonias perfeitas. Isso parece envolver um princípio difundido na natureza, bem como na obra de muitos artistas. Há certo encanto especial nas situações de "quase erro".

Um exemplo da música pode ser sugerido aqui. Quando duas notas são tocadas em *quase uníssono*, a pequena diferença em suas frequências pode, muitas vezes, acrescentar riqueza ou personalidade ao som. As duas palhetas que produzem uma única nota em um acordeão têm frequências ligeiramente diferentes, um pequeno desvio do uníssono que causa "batimentos", um som sutil, gorjeante ou latejante (*ver página 57*).

No harmonógrafo, definimos os pesos para o uníssono e encurtamos ligeiramente o pêndulo variável. Balançando os pêndulos em fase aberta, produzimos um círculo que se transformará em uma elipse cada vez mais estreita e, em seguida, em uma linha. Se deixarmos a caneta continuar a desenhar, a linha se transformará em uma elipse que se ampliará até virar um círculo e, novamente, uma linha perpendicular à primeira; e assim por diante. O instrumento está atravessando as fases do uníssono que são apresentadas na página 24.

Em seguida, se o pêndulo variável for encurtado ainda mais, por etapas, será produzida uma série de desenhos como os que aparecem na imagem ao lado. O padrão repetitivo representa "batimentos" de frequência cada vez mais alta, conforme aumenta a discrepância entre as notas. Ao final, a série se enfraquece até virar um rabisco, que é uma boa representação da dissonância, ainda que haja, aqui, uma sugestão de algum padrão numérico mais elevado.

Para a maioria das pessoas, esse gradual desaparecimento da harmonia visual ocorre aproximadamente no mesmo ponto em que as harmonias audíveis também desaparecem.

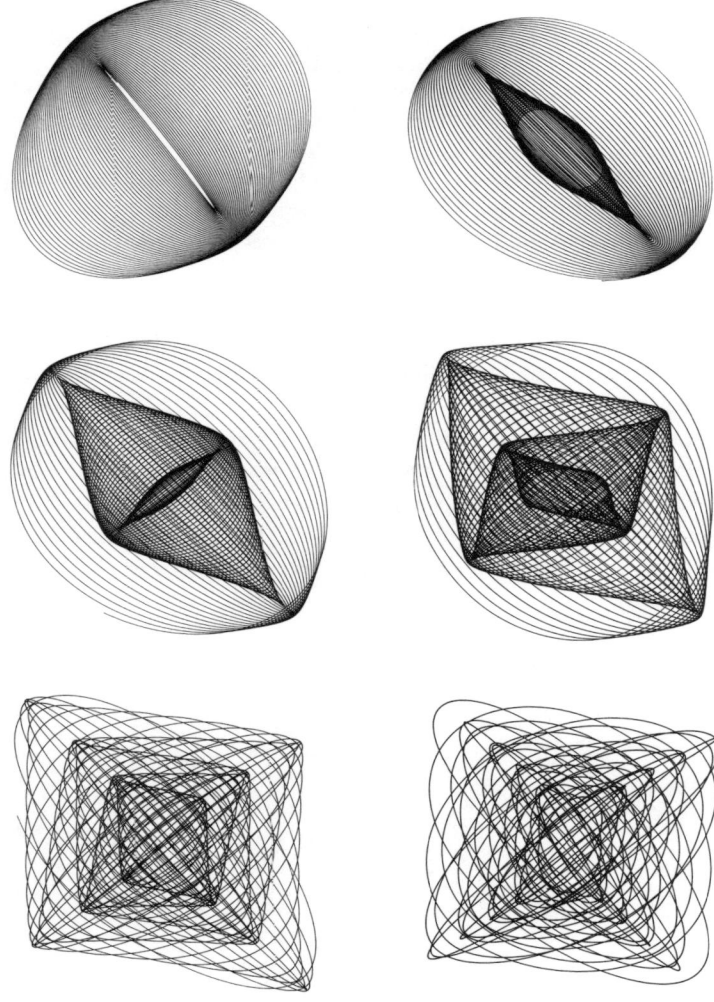

Uníssono rotativo 1:1
Ovos e conchas

O uníssono, em movimento contrário, produz uma linha reta ao longo do papel, como a fase fechada do uníssono lateral. Do movimento concorrente dos pêndulos surge um simples ponto que se transforma em uma linha, lutando em direção ao centro; caneta e papel girando juntos.

No início, é decepcionante. Apesar disso, alterar o quase uníssono é recompensador. Em movimento contrário, aparece uma variedade de belas formas, frequentemente semelhantes a conchas, com hachuras finas. Para melhores resultados, desencoste a caneta do papel bem antes de o pêndulo atingir o equilíbrio.

Surpreendentemente, a partir do movimento concorrente de quase erro, surgem diversas formas esféricas ou ovais. Para produzir um "ovo", a caneta deve ser abaixada quando estiver sem fazer nada no centro. A partir daí, ela moverá em espiral para fora, atingindo certo limite antes de retornar, à medida que o balanço dos pêndulos se vai enfraquecendo. Uma vez que as linhas fiquem mais próximas em direção ao perímetro, o desenho parecerá tridimensional.

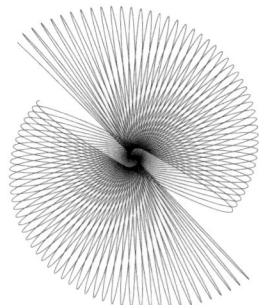 

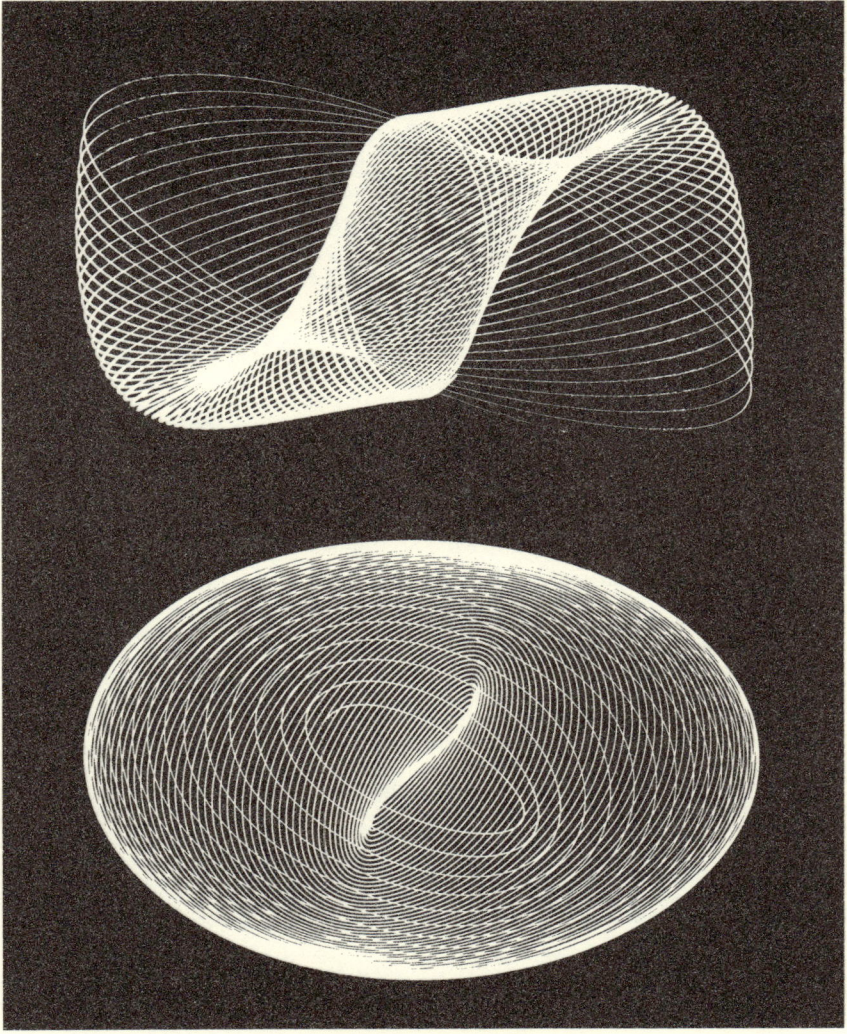

A oitava lateral 2:1
Figuras em forma de oito e asas

Depois do uníssono, a próxima harmonia por experimentar é a oitava. Aqui, há uma dificuldade técnica, pois o pêndulo variável tem de ser muito curto e, devido à maior quantidade de atrito envolvido, seu movimento se enfraquece rapidamente. O truque é adicionar um peso ao topo do pêndulo não variável, para retardá-lo; assim, o pêndulo variável pode ser mais longo.

Infelizmente, isso significa que, para a oitava e outras relações nas quais um pêndulo é muito mais rápido que o outro, os marcadores teóricos têm de ser ignorados, e o ponto certo deve ser encontrado por tentativa e erro.

Com um pêndulo batendo duas vezes mais rápido, e em ângulo reto com o outro, a oitava em fase aberta produz uma figura com a forma de um oito (uma coincidência), que se vai repetindo em tamanhos menores conforme o pêndulo vai parando.

Se ambos os pêndulos forem soltos ao mesmo tempo, para produzir a fase fechada, o resultado é uma linha em forma de taça que se desenvolve em uma bela forma alada, com finas hachuras e padrões de interferência. Pequenos ajustes produzem variações notáveis.

A oitava é o primeiro sobretom (*ver página 12*).

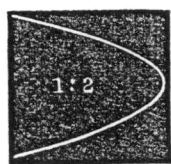 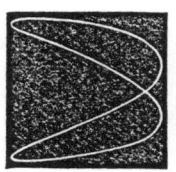 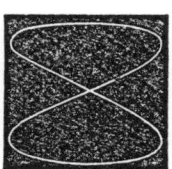 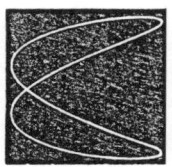 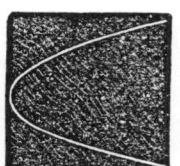

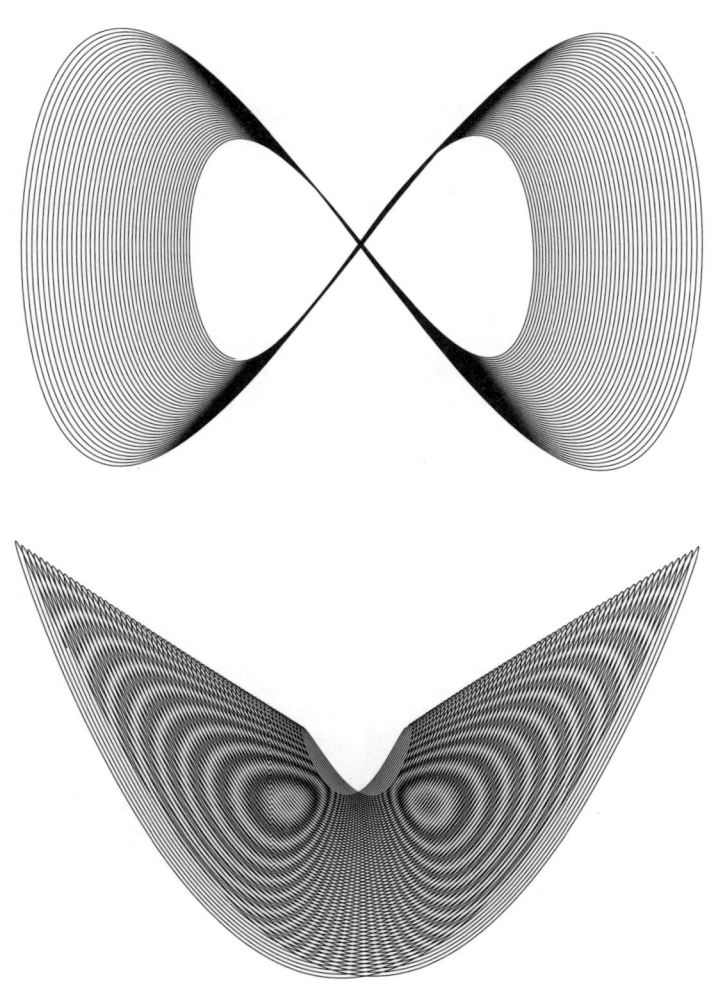

A OITAVA ROTATIVA 2:1
Corações e triângulos

A partir do movimento rotativo com uma relação 2:1, surgem alguns dos mais belos desenhos produzidos pelo harmonógrafo: simples, graciosos e muitas vezes surpreendentes. Lembre-se, tudo o que acontece aqui é que dois movimentos circulares – um quase duas vezes mais rápido que o outro – são somados.

O movimento contrário produz uma figura em forma de trevo com muitas variações refinadas (*coluna direita, imagem ao lado*). Começando com um tamanho ou amplitude menor na rotação mais rápida, produzimos um triângulo ou uma pirâmide.

Em movimento simultâneo (concorrente), a oitava produz uma figura em forma de coração com um laço interno simples (*abaixo à esquerda, e coluna esquerda na imagem ao lado*). Aqui, há uma ligação com a antiga tradição da *música das esferas*,[6] pois essa é a forma que um observador em Urano atribuiria ao movimento de Netuno, ou vice-versa. Isso porque os planetas orbitam o Sol simultaneamente, Urano em 84 anos e Netuno em 165, executando aproximadamente uma oitava.

Quase erros nas relações dos desenhos rotativos colocam os modelos a girar (*linha inferior, imagem ao lado*).

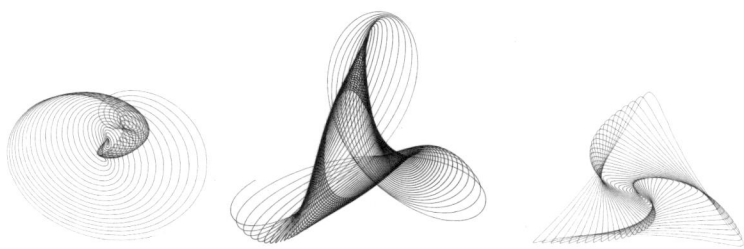

A QUINTA LATERAL 3:2
E o segundo sobretom 3:1

A quinta é a próxima harmonia por experimentar, intermediária entre a simplicidade do uníssono, a oitava e as harmonias mais complexas que se seguem.

A partir do desenho de fase aberta, na página ao lado, pode-se observar que a quinta tem três voltas ao longo do lado horizontal, e duas ao longo do vertical. O número de voltas em cada lado proporciona a relação 3:2. Olhando para a oitava novamente, há duas voltas para uma; com o uníssono, por sua vez, há apenas um "laço", de qualquer maneira que se olhe para ele. Essa é a regra geral para todas as relações laterais do harmonógrafo; e, se uma harmonia aparecer inesperadamente durante os experimentos, em geral ela pode ser identificada através da contagem das voltas ou laços em dois lados adjacentes.

A quinta também aparece como 3:1, o segundo sobretom, uma quinta acima da oitava (*ver os desenhos de fases aberta e fechada, da relação 3:1, na página 7*). As relações dos desenhos que estão fora da oitava podem exigir um harmonógrafo de elíptica dupla (*ver página 61*). O par defasado abaixo é estereográfico. Se você ficar estrábico, ele saltará em 3D.

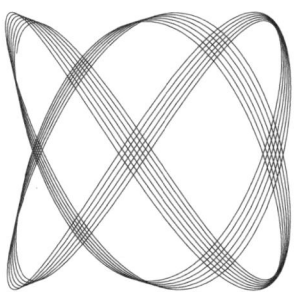 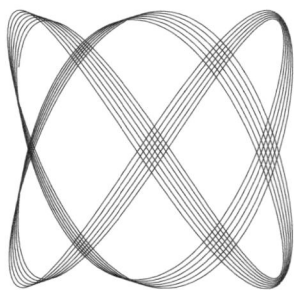

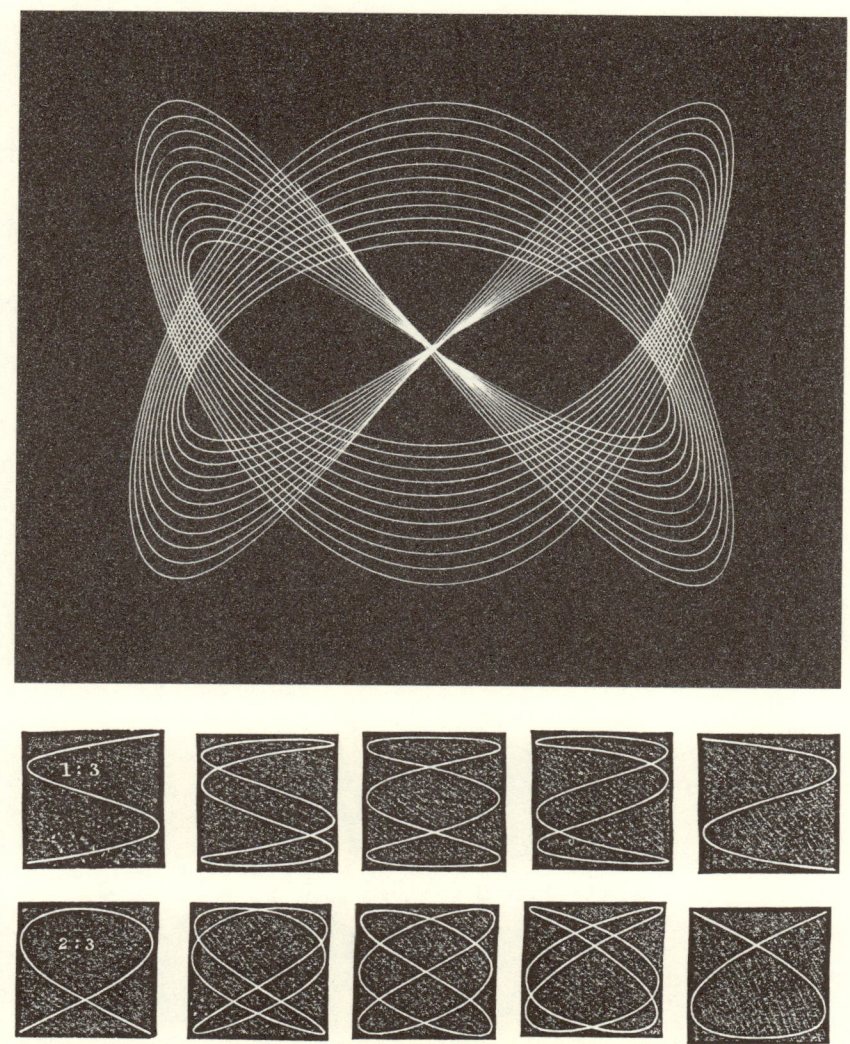

A QUINTA ROTATIVA 3:2
Corações envolvidos e cincos

No harmonógrafo, a "sonoridade"[7] dos tons musicais é representada pela *amplitude*, os tamanhos relativos dos dois movimentos circulares. Em desenhos rotativos, isso é muito mais importante que a fase, que simplesmente orienta o modelo inteiro na página.

O terceiro desenho da imagem abaixo (*da esquerda para a direita*) mostra uma quinta rotativa em movimento contrário, em que o pêndulo com frequência mais alta, e movimento mais rápido, tem o balanço mais amplo. No desenho "pontiagudo" à direita, acontece o contrário. Em amplitudes iguais, todas as linhas passam através do centro (*ver tabela na página 59*).

Os quatro primeiros desenhos na imagem ao lado mostram formas rotativas da relação 3:2, concorrentes à esquerda e contracorrentes à direita. A segunda linha mostra o efeito de um quase erro na harmonia, o que faz os padrões girar.

As duas figuras na terceira linha ao lado mostram o segundo sobretom 3:1, uma quinta acima da oitava (3:1 = 2:1 x 3:2). A versão concorrente está à esquerda, e a contracorrente, à direita.

Com figuras concorrentes, o número de redemoinhos no centro é dado pela diferença entre os dois valores da relação. Assim, todos os padrões concorrentes, para os intervalos musicais primários 2:1, 3:2, 4:3, 5:4 e 5:6, têm um único coração em seu centro.

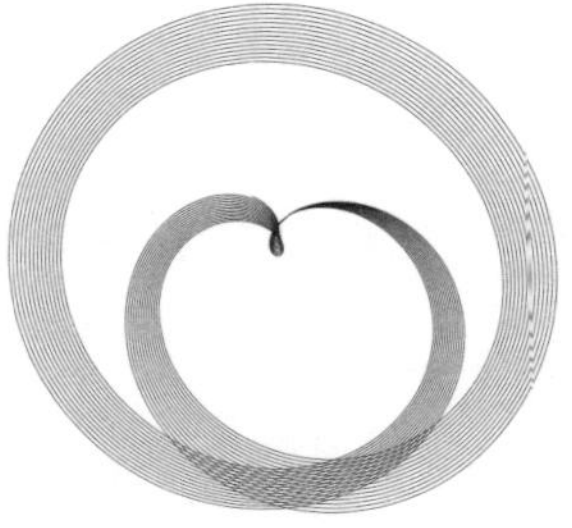
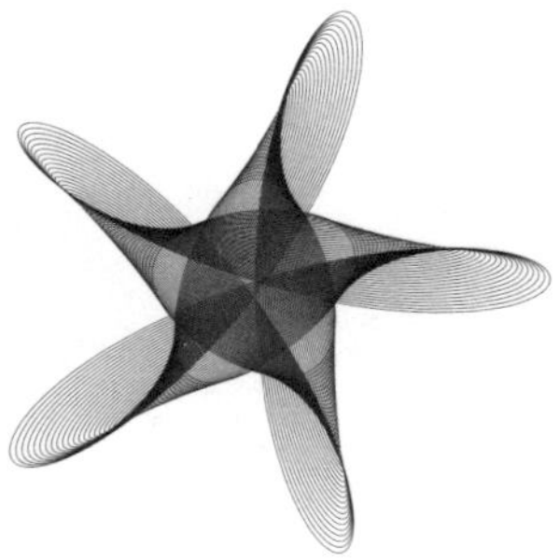
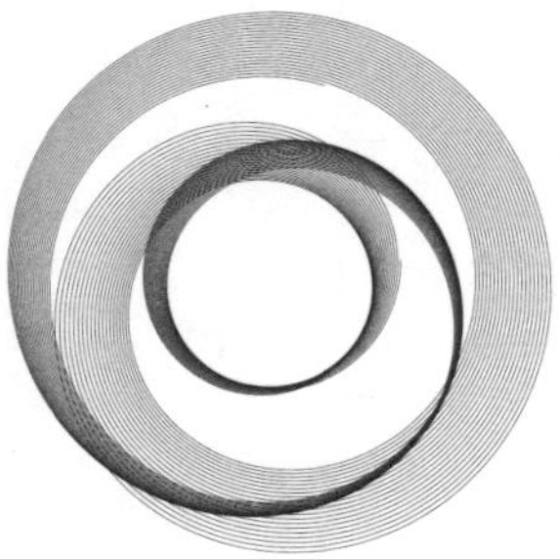
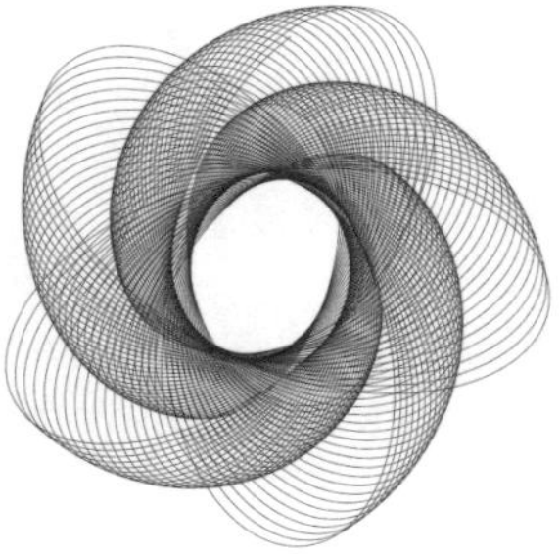
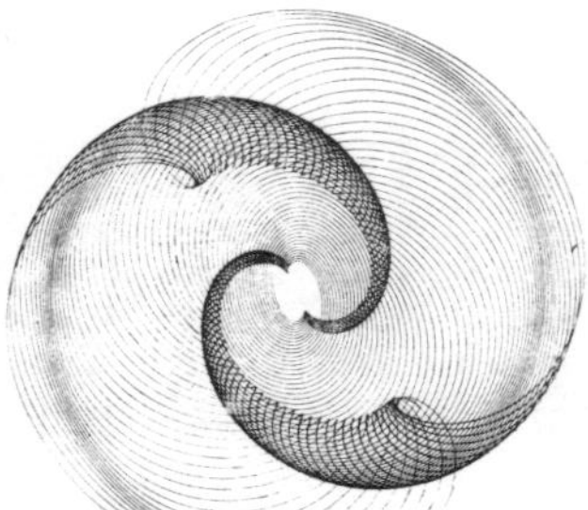
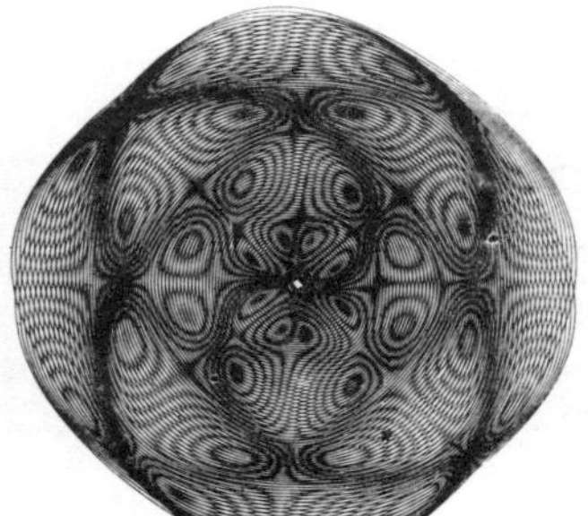

A quarta 4:3
Com terças, sextas e sétimas

Neste ponto, fica evidente que cada harmonia exibe seu próprio caráter estético distinto. O uníssono é simples e assertivo. A oitava introduz um enfático florescer, e a quinta, ainda que relativamente simples, acrescenta elegância.

Com a quarta, o padrão torna-se mais complicado, embora o desenho ainda seja reconhecível sem precisar contar os laços. A figura superior, na imagem ao lado, mostra a quarta em fase aberta; a inferior, em fase fechada. Uma crescente sofisticação torna-se aparente, e algumas variantes de fase fechada e quase erro têm uma estranha qualidade exótica.

Ao introduzir as terças perfeitas da afinação diatônica, a complexidade aumenta. A terça maior (5:4) é encontrada abaixo da quarta, com o intervalo entre elas – um *semitom diatônico* – trabalhando como 4:3 ÷ 5:4 = 16:15. Uma quarta e uma terça maior (4:3 x 5:4) produzem a *sexta maior* (5:3), uma terça menor (6:5) abaixo da oitava, e um *tom* (10:9) acima da quinta. Da mesma forma, uma quarta e uma terça menor (4:3 x 6:5) criam a *sexta menor* (8:5), uma terça maior (5:4) abaixo da oitava, e um semitom (16:15) acima da quinta.

Uma quinta e uma terça maior (3:2 x 5:4) produzem a *sétima maior* (15:8), enquanto uma quinta e uma terça menor (3:2 x 6:5) produzem a *sétima menor* (9:5). Estes são os elementos da escala diatônica, ou, *simplesmente*, escala.

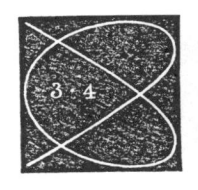

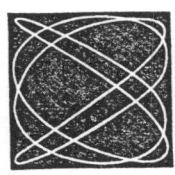

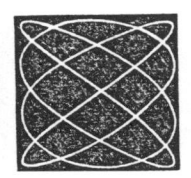

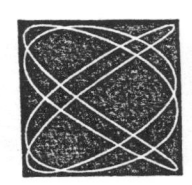

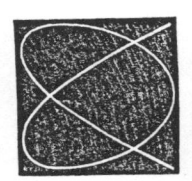

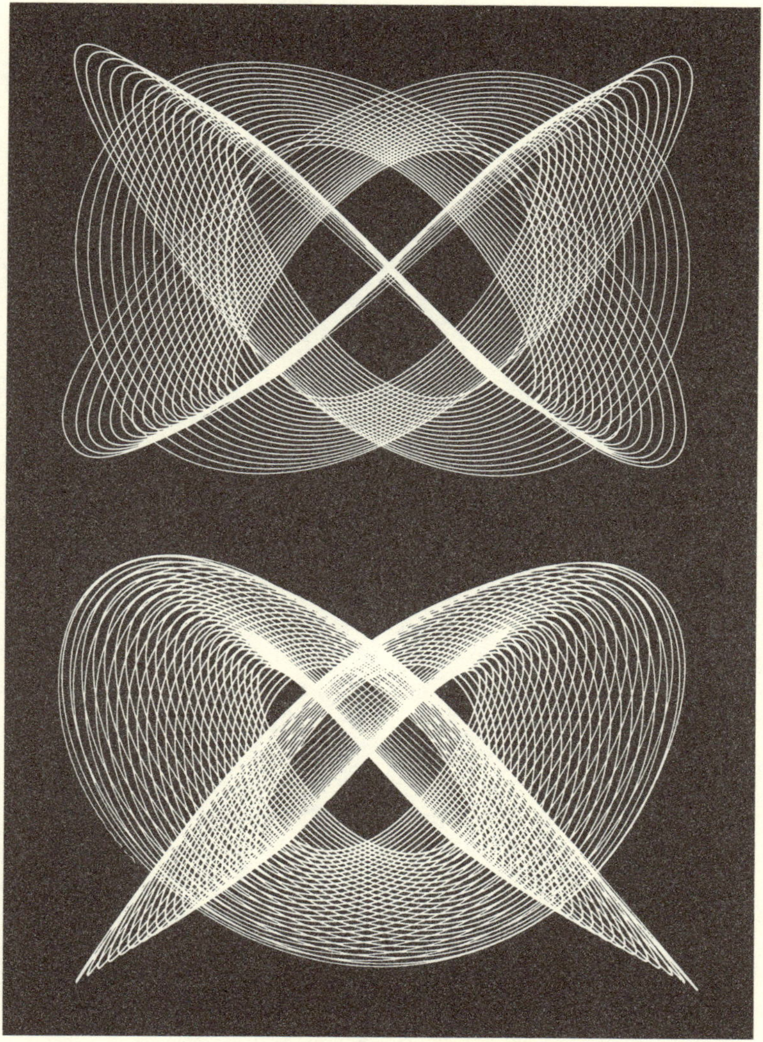

OUTROS HARMÔNICOS
Relações de números mais altos e limite-sete[8]

Conforme os números nas relações aumentam, fica mais difícil distinguir um intervalo de outro num relance: os laços têm de ser contados, e pequenas variações geram pouco valor estético. Um exemplo típico é a relação 7:5, apresentada na figura superior da imagem ao lado.

O movimento rotativo produz uma série de desenhos cada vez mais complexos, influenciados pela frequência, pela amplitude e pela direção relativas. Em movimento contrário, o número total de laços é igual à soma dos dois números da relação. Com o movimento concorrente, os nós viram-se para dentro e sua quantidade é igual à diferença entre os dois números da relação.

Os desenhos da imagem abaixo, produzidos pelo movimento contrário, mostram uma quarta (4:3), outra quarta, uma sexta maior (5:3) e uma terça maior (5:4). Já as figuras inferiores da imagem ao lado, desenhadas há mais de cem anos, mostram modelos da décima primeira justa 8:3, de amplitudes desiguais (uma oitava e uma quarta), e a relação 7:3, que é encontrada na afinação de *jazz* limite-sete (não tratada neste livro).

Duas oitavas e uma terça maior (4:1 x 5:4) equivalem a 5:1, o quarto sobretom, que difere de quatro quintas $(3:2)^4$ como a nossa amiga 80:81, a coma sintônica (ver *página 14*). Na afinação *mesotônica*, popular durante a Renascença, esse desajuste foi resolvido, e as quintas foram abrandadas muito ligeiramente, para $5^{1/4}$ ou 1,4953, saindo do tom para melhor soar às terças e às sextas.

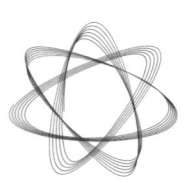

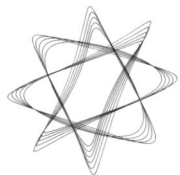

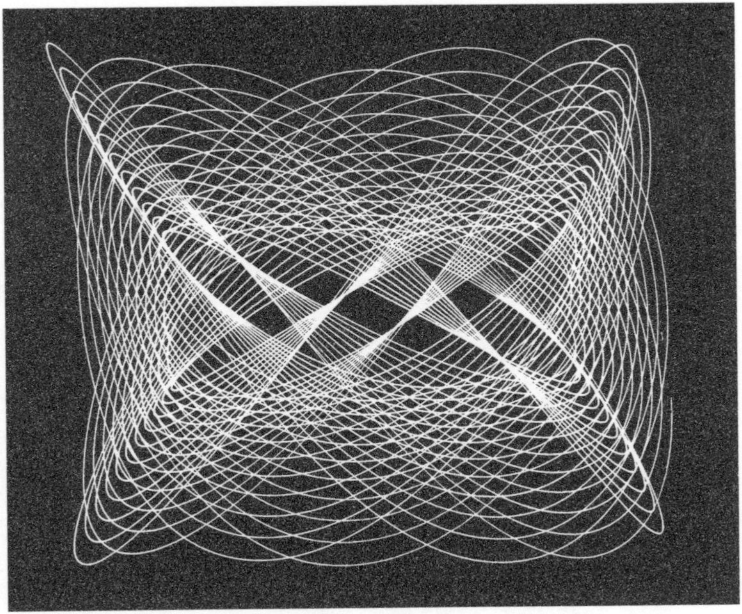

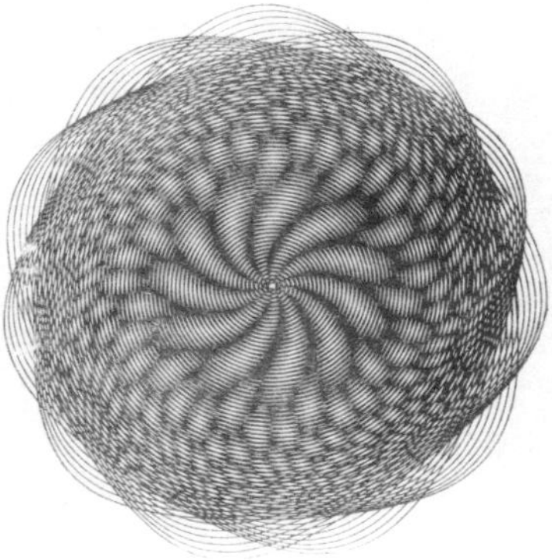

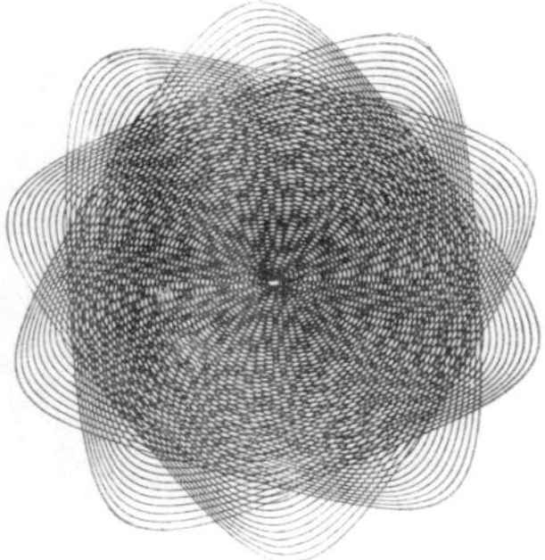

Amplitude
Círculos, polígonos, flores e outro círculo

Muitas variações podem ser obtidas a partir de uma relação rotativa, tendo tamanhos desiguais nos dois movimentos circulares. Na imagem ao lado, vemos duas frequências que se relacionam por uma sexta maior (5:3). Uma nota com frequência mais baixa começa por ser influenciada por outra de frequência mais alta, e combina-se com ela para, em seguida, ser mais ou menos substituída por esta nota. Quando as duas notas se encontram em igual volume, todas as linhas passam através do centro (*ver páginas 60-61*). Note que a sequência não é simétrica.

Na imagem abaixo, vemos os três primeiros sobretons. Para as formas mais pontiagudas, simplesmente invertemos as amplitudes. Para os polígonos, primeiro as elevamos ao quadrado.

Se você já brincou com um "espirógrafo",[9] sabe que a harmonia é determinada pela relação entre as engrenagens, e é a amplitude que sofre o ajuste quando mudamos a caneta para outro orifício na peça que gira.

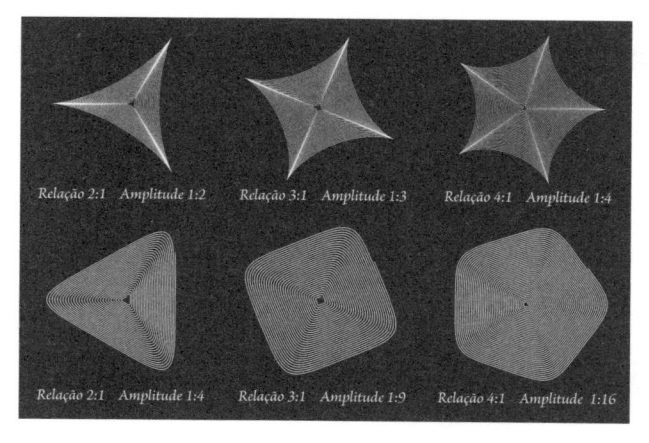

| Relação 2:1 Amplitude 1:2 | Relação 3:1 Amplitude 1:3 | Relação 4:1 Amplitude 1:4 |
| Relação 2:1 Amplitude 1:4 | Relação 3:1 Amplitude 1:9 | Relação 4:1 Amplitude 1:16 |

3 5 3 5 3 5

3 5 3 5 3 5

3 5 3 5 3 5

3 5 3 5 3 5

DIFICULDADES DE AFINAÇÃO
A coma pitagórica

Deixando de lado os desenhos do harmonógrafo e retornando aos princípios da música, você pode ter notado que os intervalos musicais nem sempre estão em harmonia uns com os outros. Um exemplo famoso é a relação entre a oitava e a quinta perfeita (3:2).

Na figura central da imagem ao lado, uma nota é tocada no meio, no ponto 0 (zero), e vai subindo através de quintas perfeitas para gerar a sequência Dó, Sol, Ré, Lá, Mi, etc. (*numeradas na figura, com cada volta da espiral representando uma oitava perfeita*). Após doze quintas, subimos sete oitavas, mas a figura mostra que ultrapassamos levemente a oitava final, elevando meio tom. Isso ocorre porque $(3/2)^{12} \approx 129{,}75$, ao passo que $(2)^7 = 128$. A diferença é conhecida por *coma pitagórica*, proporcionalmente 1,013643, aproximadamente 74:73.

Se continuássemos em movimento espiral, acabaríamos por descobrir, como os chineses fizeram muito tempo atrás, que 53 quintas perfeitas (ou *Lü*) quase se igualam exatamente a 31 oitavas. As primeiras cinco quintas produzem o padrão das notas produzidas pelas teclas pretas em um piano, a escala *pentatônica* oriental (*ver página 54*).

As figuras menores na imagem ao lado mostram progressões repetidas da terça maior (5:4), da terça menor (6:5), da quarta (4:3) e do tom inteiro (9:8), todas comparadas a uma oitava invariante.

É estranho. Com toda essa interação harmoniosa de números, esperaríamos que todo o sistema fosse um conjunto precisamente coerente, mas não o é. Aqui há ecos da visão científica de um mundo formado por uma simetria violada, sujeita à incerteza quântica e (até agora) desafiando uma "teoria de tudo" abrangente e exata. Será por isso que o "quase erro" é tantas vezes mais belo que a perfeição?

4/3
Quartas perfeitas

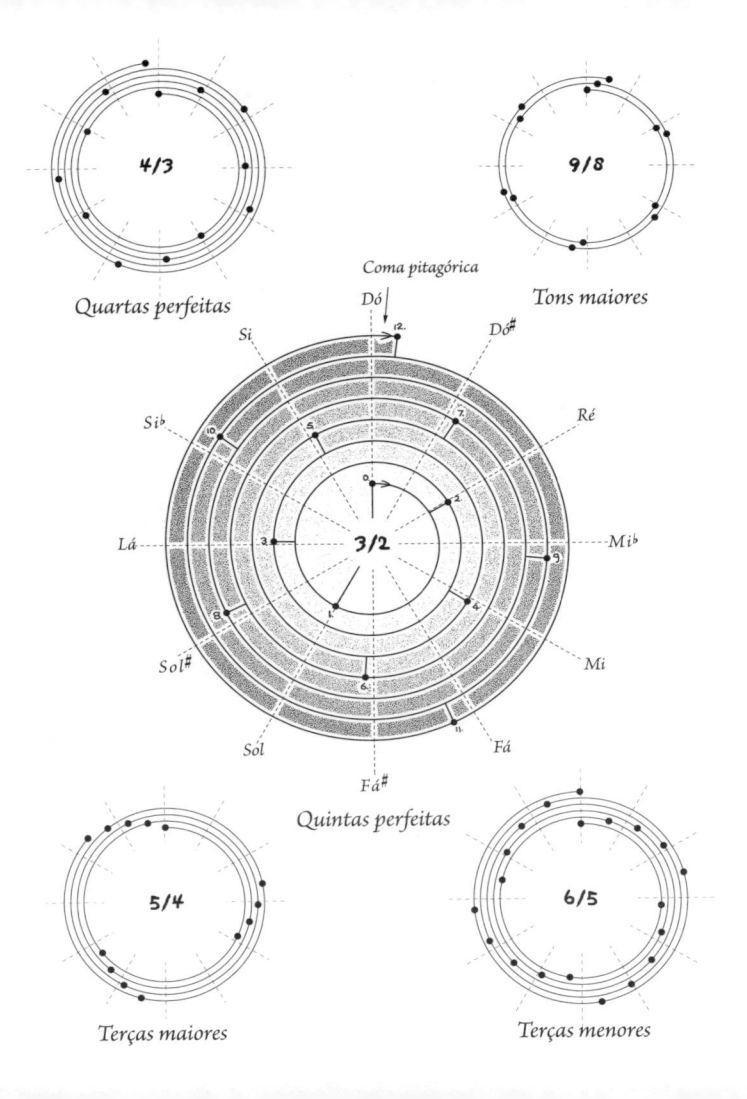

9/8
Tons maiores

3/2

Coma pitagórica

Dó — Dó#
Si — Ré
Sib — Mib
Lá
Sol# — Mi
Sol — Fá
Fá#

Quintas perfeitas

5/4
Terças maiores

6/5
Terças menores

Temperamento igual
Mudança de tonalidade facilitada

Embora as afinações iniciais permitissem que muitos harmônicos puros fossem tocados, era difícil mudar para outras tonalidades; só se podia realmente mudar o *modo*[10] (*ver página 56*). Muitas vezes, os músicos tinham de afinar seus instrumentos novamente, ou utilizar notas extras reservadas para escalas específicas (a afinação clássica indiana utiliza 22 notas).

No século XVI, desenvolveu-se uma nova afinação, que revolucionou a música ocidental, predominando até hoje. A oitava é dividida em doze intervalos *iguais* fixos, com cada *semitom cromático* equivalendo a 1,05946 vezes o valor de seu vizinho ($2^{1/12}$, cerca de 18:17).

As doze notas igualmente espaçadas são dispostas em círculo, como na imagem abaixo. Agora, seis tons inteiros (bemol) geram uma oitava, do mesmo modo que quatro terças menores (bemol acentuado) ou três terças maiores (sustenido). A coma pitagórica desaparece, assim como todos os intervalos perfeitos, exceto a oitava. É um truque inteligente que nos permite alterar a tonalidade facilmente – algo um pouco "fora do tom" que ouvimos todos os dias.

As tríades são acordes de três notas. Na figura superior da imagem ao lado, vemos tríades maiores e menores que envolvem a nota Dó, na tonalidade de Dó. Utilize a grade mestre (*figura inferior, imagem ao lado*) para navegar no mar do temperamento igual e perceber alguma tríade 3-4-5 (um acorde de três notas) em três tonalidades distintas (*a partir de Malcom Stewart*).

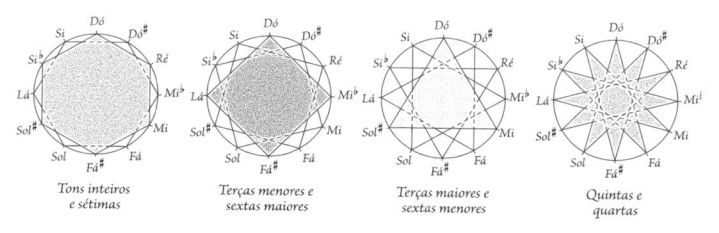

Tons inteiros e sétimas   *Terças menores e sextas maiores*   *Terças maiores e sextas menores*   *Quintas e quartas*

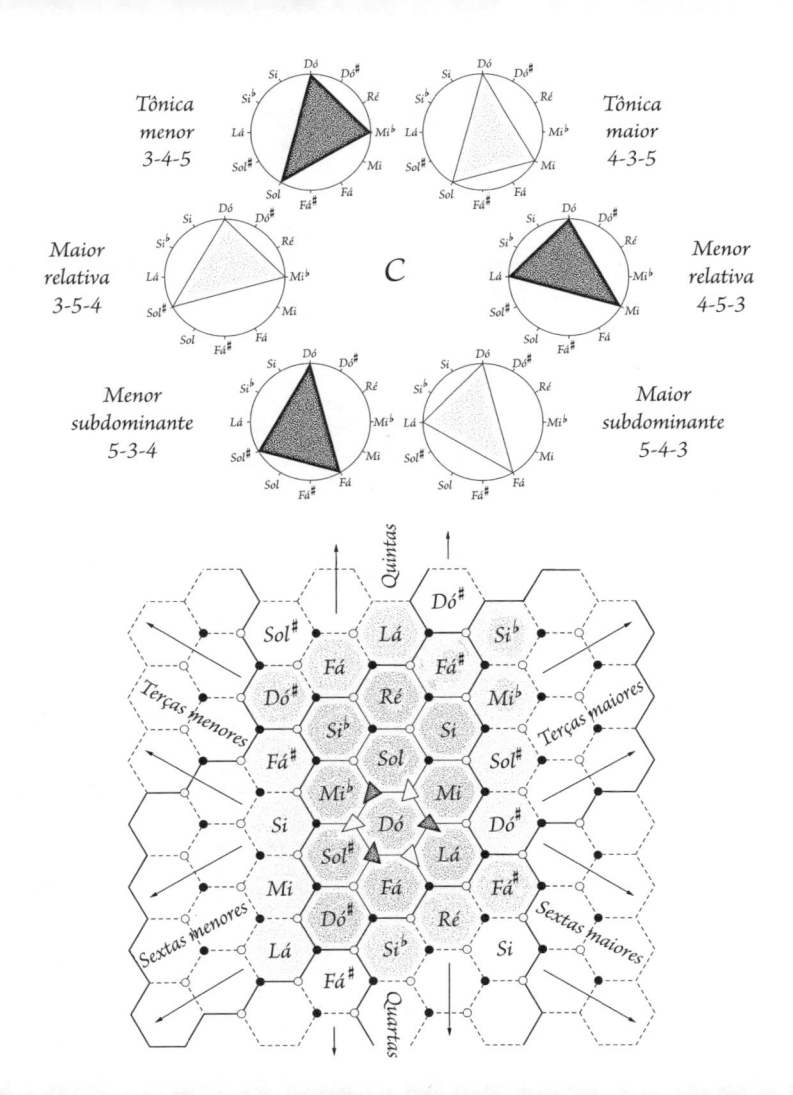

Tônica menor 3-4-5		**Tônica maior** 4-3-5
Maior relativa 3-5-4	C	**Menor relativa** 4-5-3
Menor subdominante 5-3-4		**Maior subdominante** 5-4-3

Quintas

Terças menores

Terças maiores

Sextas menores

Sextas maiores

Quartas

O CALEIDOFONE
Rabiscos de uma haste vibratória

Apesar da invenção do temperamento igual, os cientistas continuaram a investigar os harmônicos de razão pura. Um interessante precursor do harmonógrafo, no século XIX, foi o *caleidofone*, inventado por Sir Charles Wheatstone, em 1827. Assim como o harmonógrafo, ele exibia imagens de harmônicos.

A versão mais simples desse dispositivo consiste em uma haste de aço com uma das extremidades firmemente fixada em um pesado suporte de metal, e a outra presa a uma pequena conta ou esfera de vidro prateada, de modo que, ao ser iluminada por um holofote, um ponto de luz brilhante é lançado sobre uma tela colocada em frente ao caleidofone. Dependendo de como o caleidofone é atingido pela primeira vez, e subsequentemente golpeado com um arco de violino, pode produzir-se um número surpreendente de padrões (*alguns são mostrados ao lado*).

O caleidofone não se comporta como uma corda, uma vez que sua haste só é fixa em uma das extremidades. Assim como os instrumentos de sopro, que normalmente são abertos em uma extremidade, a matemática de seus harmônicos e sobretons é um pouco mais complicada que a do monocórdio ou do harmonógrafo (*as figuras inferiores, na imagem ao lado, mostram alguns dos sobretons iniciais*).

Outras versões do caleidofone utilizavam hastes de aço com seções transversais, ovais ou quadradas, para gerar outros padrões. Wheatstone costumava referir-se à sua invenção como um "brinquedo filosófico", e, de fato, ao olharmos para esses padrões, é fácil nos sentirmos maravilhados com sua beleza simples.

Para fazer o seu próprio caleidofone, tente fixar uma agulha de tricô em uma morsa e grudar uma esfera de prata, ou uma bola de decoração de bolo, à extremidade livre. Depois, utilize ou crie uma fonte de luz para gerar o ponto brilhante.

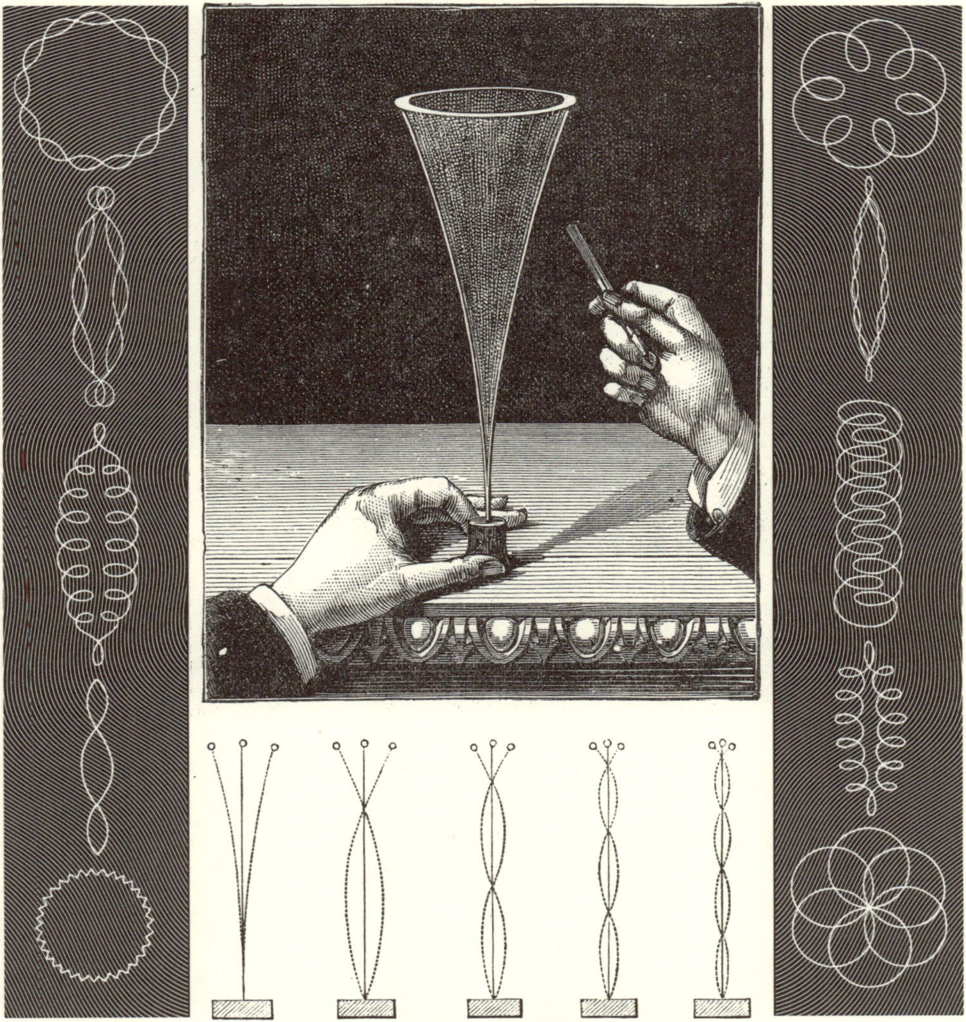

Padrões de Chladni
Superfícies vibratórias

Até agora, consideramos apenas cordas vibratórias e outros sistemas simples, mas também é possível fazer as superfícies vibrar, e elas podem igualmente exibir padrões harmônicos ou ressonantes.

Em 1787, Ernst Chladni descobriu que, se espalhasse areia fina sobre uma placa quadrada e a curvasse, ou a fizesse vibrar, então certas notas, geralmente harmônicos uns dos outros, davam origem a diferentes padrões na areia sobre a placa. Tal como acontece com o harmonógrafo, outros tons desarmônicos produziam uma confusão caótica. Por vezes, ele percebia que outros padrões podiam ser criados ao tocar a lateral da placa, em divisões harmônicas de seu comprimento (*imagem abaixo*). Isso criou um nó estacionário (*ver página 12*). Seu trabalho posterior revelou que placas circulares geravam padrões circulares, placas triangulares geravam padrões triangulares, e assim por diante.

As seis imagens ao lado são do livro *Cymatics*,[11] de Hans Jenny, um dos textos seminais sobre esse assunto. A imagem da vibração aparece gradualmente, com a areia encontrando seu caminho para as partes fixas da placa, conforme o volume aumenta.

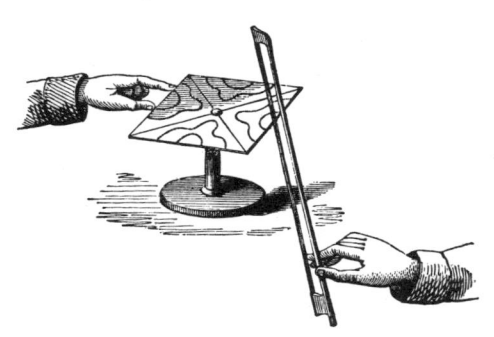

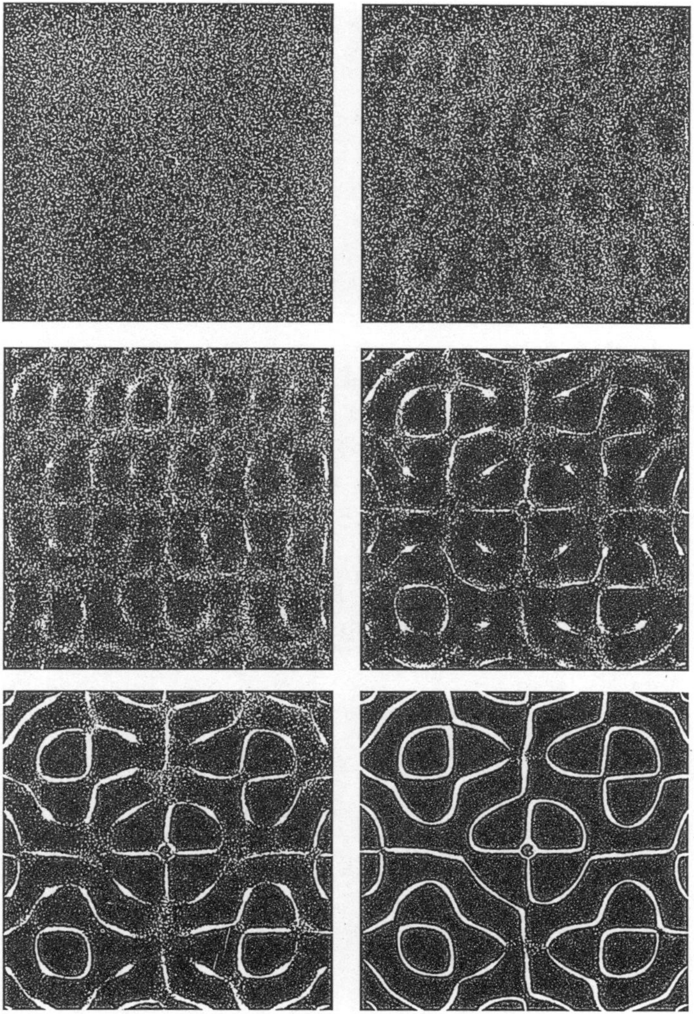

IMAGENS DE RESSONÂNCIA
E como cantar uma margarida

Um conjunto mais completo das figuras de Chladni é apresentado ao lado, todas duplas ou quádruplas, pois foram produzidas sobre uma placa quadrada.

Abaixo, no entanto, vemos algumas figuras circulares que foram fotografadas por Margaret Watts Hughes, uma cantora vivaz, na década de 1880. Ela utilizava um dispositivo engenhoso chamado *eidofone*, que consistia em uma base oca com uma membrana esticada sobre ela, e um tubo ligado a essa base com um bocal na outra extremidade. Enquanto a Sra. Hughes cantava escalas diatônicas pelo tubo, um fino pó de licopódio, espalhado sobre a tensa membrana, de repente ganhava vida, saltando para longe de alguns lugares e permanecendo imóvel em outros, produzindo formas que ela comparava a várias flores.[12]

Mais uma vez, vemos formas reconhecíveis e formas que aparecem a partir de ressonância e harmonia simples.

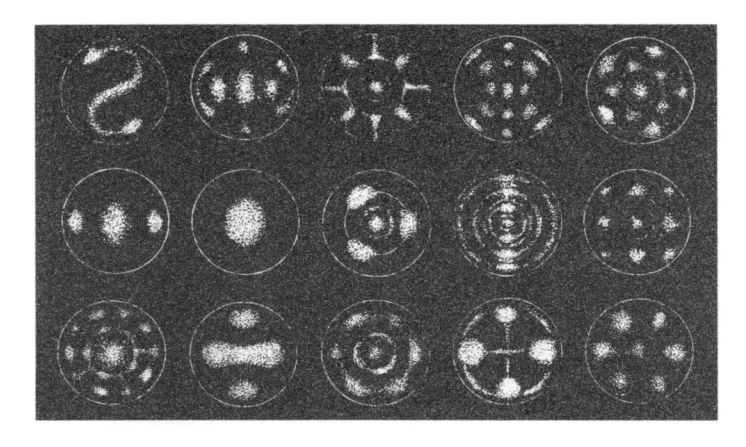

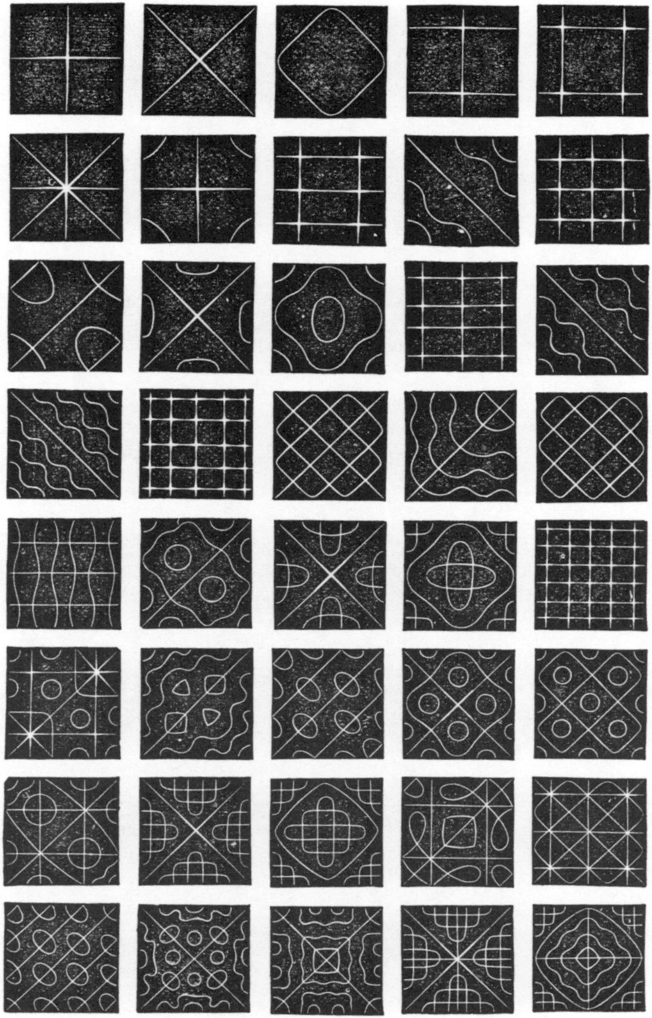

Apêndice A: Afinações e intervalos

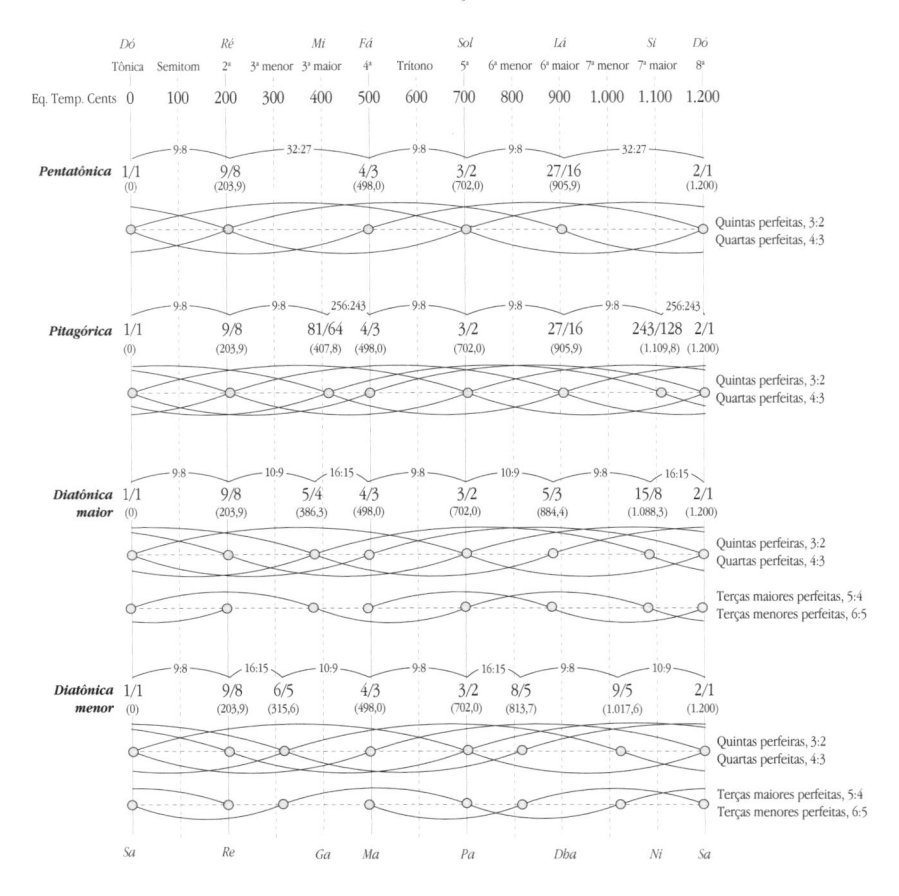

	Dó	Ré		Mi	Fá		Sol		Lá		Si	Dó
	Tônica	Semitom	2ª	3ª menor	3ª maior	4ª	Tritono	5ª	6ª menor	6ª maior	7ª menor	7ª maior	8ª
Eq. Temp. Cents	0	100	200	300	400	500	600	700	800	900	1.000	1.100	1.200

Pentatônica

	9:8			32:27			9:8		9:8		32:27	
1/1		9/8			4/3		3/2		27/16			2/1
(0)		(203,9)			(498,0)		(702,0)		(905,9)			(1.200)

Quintas perfeitas, 3:2
Quartas perfeitas, 4:3

Pitagórica

	9:8		9:8	256:243		9:8		9:8		9:8	256:243	
1/1		9/8		81/64	4/3		3/2		27/16		243/128	2/1
(0)		(203,9)		(407,8)	(498,0)		(702,0)		(905,9)		(1.109,8)	(1.200)

Quintas perfeitas, 3:2
Quartas perfeitas, 4:3

Diatônica maior

	9:8		10:9	16:15		9:8		10:9		9:8	16:15	
1/1		9/8		5/4	4/3		3/2		5/3		15/8	2/1
(0)		(203,9)		(386,3)	(498,0)		(702,0)		(884,4)		(1.088,3)	(1.200)

Quintas perfeitas, 3:2
Quartas perfeitas, 4:3

Terças maiores perfeitas, 5:4
Terças menores perfeitas, 6:5

Diatônica menor

	9:8	16:15		10:9		9:8		16:15		9:8	10:9	
1/1		9/8	6/5		4/3		3/2		8/5		9/5	2/1
(0)		(203,9)	(315,6)		(498,0)		(702,0)		(813,7)		(1.017,6)	(1.200)

Quintas perfeitas, 3:2
Quartas perfeitas, 4:3

Terças maiores perfeitas, 5:4
Terças menores perfeitas, 6:5

Sa	Re	Ga	Ma	Pa	Dha	Ni	Sa

INTERVALOS MUSICAIS SELECIONADOS

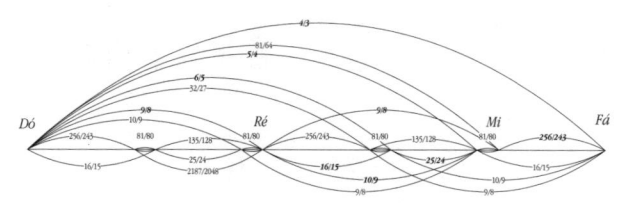

Intervalo	Cents	Nome	Intervalo	Cents	Nome
1:1	0	*Uníssono*	5:4	386,3	*Terça maior perfeita*
32805:32768	2,0	*Schisma*	81:64	407,8	*Terça maior pitagórica*
2048:2025	19,6	*Diaschisma*	4:3	498,0	*Quarta perfeita*
81:80	21,5	*Coma sintônica*	7:5	582,5	*Sétimo trítono*
531441:524288	23,5	*Coma pitagórica*	45:32	590,2	*Trítono diatônico*
128:125	41,1	*Díese (sustenido)*	729:512	611,7	*Trítono pitagórico*
25:24	70,7	*Semitom diatônico menor*	3:2	702,0	*Quinta perfeita*
256:243	90,2	*Limma, semitom pitagórico*	128:81	792,2	*Sexta menor pitagórica*
135:128	92,2	*Croma maior*	8:5	813,7	*Sexta menor diatônica*
16:15	111,7	*Semitom diatônico maior*	5:3	884,4	*Sexta maior perfeita*
2187:2048	113,7	*Apótoma*	27:16	905,9	*Sexta maior pitagórica*
27:25	133,2	*Limma ampla*	7:4	968,8	*Sétima harmônica*
10:9	182,4	*Tom menor*	16:9	996,1	*Sétima menor pitagórica*
9:8	203,9	*Tom maior*	9:5	1.017,6	*Sétima menor diatônica*
8:7	231,2	*Sétimo tom*	15:8	1.088,3	*Sétima maior diatônica*
7:6	266,9	*Sétima terça menor*	243:128	1.109,8	*Sétima maior pitagórica*
32:27	294,1	*Terça menor pitagórica*	2:1	1.200	*Oitava*
6:5	315,6	*Terça menor perfeita*			

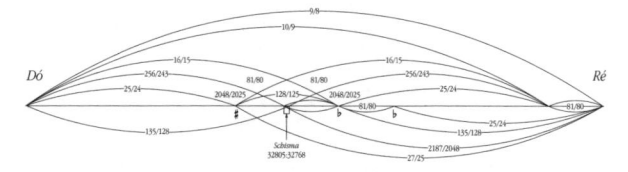

Assim como a divisão descentralizada da oitava em quintas e quartas, os sustenidos não são bemóis, e dão origem a mais cinco notas, totalizando dezessete (encontradas em afinações do Oriente Médio). De forma mais completa, podemos pensar nas sete notas da escala movendo-se através de doze "regiões" da oitava, o que resulta nas 22 posições da afinação indiana.

Apêndice B: Modos e equações

Nomes modernos	Os Sete Modos da Antiguidade	Nomes gregos antigos
Jônio maior	1 1 ½ 1 1 1 ½ dó ré mi fá sol lá si dó dó ré mi fá sol lá si dó 1 2 3 4 5 6 7 8	Lídio
Dórico	1 ½ 1 1 1 ½ 1 ré mi fá sol lá si dó ré ré mi fá sol lá si dó ré 1 2 $3^\flat$ 4 5 6 $7^\flat$ 8	Frígio
Frígio	½ 1 1 1 ½ 1 1 mi fá sol lá si dó ré mi mi fá sol lá si dó ré mi 1 $2^\flat$ $3^\flat$ 4 5 $6^\flat$ $7^\flat$ 8	Dórico
Lídio	1 1 1 ½ 1 1 ½ fá sol lá si dó ré mi fá fá sol lá si dó ré mi fá 1 2 3 $4^\sharp$ 5 6 7 8	Sintolídio
Mixolídio	1 1 ½ 1 1 ½ 1 sol lá si dó ré mi fá sol sol lá si dó ré mi fá sol 1 2 3 4 5 6 $7^\flat$ 8	Jônio
Eólio menor natural	1 ½ 1 1 ½ 1 1 lá si dó ré mi fá sol lá lá si dó ré mi fá sol lá 1 2 $3^\flat$ 4 5 $6^\flat$ $7^\flat$ 8	Eólio
Lócrio	½ 1 1 ½ 1 1 1 si dó ré mi fá sol lá si si dó ré mi fá sol lá si 1 $2^\flat$ $3^\flat$ 4 $5^\flat$ $6^\flat$ $7^\flat$ 8	Mixolídio

As notas brancas de um piano produzem as sete notas dos sete modos da Grécia antiga. Erros de transcrição medievais deixaram-nos com nomes modernos que não se encaixam com os antigos. Cada modo ou escala tem o seu próprio padrão de tons e semitons, com apenas dois deles sobrevivendo como as nossas escalas maior e menor natural.

Outras escalas incluíam pentatônicas modais que não permitem semitons, como a harmônica menor com sua terça menor e sexta, 1 2 $3^\flat$ 4 5 $6^\flat$ 7 8, e muitas outras.

As relações e os intervalos que aparecem neste livro referem-se a frequências normalmente expressas como *ciclos por segundo*, ou hertz. A afinação clássica define Dó (C) em 256 Hz. A afinação moderna é mais elevada, fixando Lá (A) em 440 Hz. O período T de uma onda é o inverso de sua frequência f: $T = 1/f$. A velocidade do som no ar seco é aproximadamente $331{,}4 + 0{,}6\,T_c$ m/s, onde T_c é a temperatura em graus Celsius. Seu valor à temperatura ambiente (20 °C) é 343,4 m/s.

A aceleração gravitacional na Terra (g) é 9,807 m/s².

Frequência de um pêndulo
$$\frac{1}{2\pi}\sqrt{\frac{aceleração\ gravitacional}{comprimento\ do\ pêndulo}}$$

Frequência fundamental de uma corda tensionada
$$\frac{1}{2\times comprimento\ da\ corda}\sqrt{\frac{tensão\ da\ corda}{massa\ da\ corda \div comprimento\ da\ corda}}$$

Frequência ressonante de uma cavidade com uma abertura
$$\frac{velocidade\ do\ som}{2\pi}\sqrt{\frac{área\ de\ abertura}{volume\ da\ cavidade \times comprimento\ da\ abertura}}$$

Frequência fundamental de um tubo aberto ou cilindro
$$\frac{velocidade\ do\ som}{2\times comprimento\ do\ cilindro}$$

A frequência rítmica entre f_1 e f_2 é equivalente à diferença entre as duas, ou seja, $f_R = f_2 - f_1$.

A relação a:b converte para cents (onde a > b): $(\log(a)-\log(b)) \times (1200/\log 2)$. Para converter cents em graus, multiplique por 0,3.

Bater palmas em frente a uma elevação feita de degraus produz uma série de ecos, com uma frequência percebida como igual a $v/2d$, onde v é a velocidade do som e d é a profundidade de cada degrau. Bater palmas em um corredor pequeno, com largura igual a w, produz uma frequência v/w.

A média *aritmética* e a *média harmônica* são fundamentais para a teoria dos números de Pitágoras. A média aritmética de duas frequências, separadas por uma oitava, produz a quinta entre elas (3:2), e a média harmônica produz a quarta (4:3).

6	:	8 :: 9	:	12
A	:	$\frac{2AB}{A+B}$ :: $\frac{A+B}{2}$	:	B
A	:	Média harmônica :: Média aritmética	:	B

APÊNDICE C: TABELAS DE PADRÕES

As harmonias de sobretom e proporção simples são apresentadas abaixo e na página a seguir, dispostas em ordem crescente de dissonância. Os desenhos de fase aberta exibem suas proporções como o número de voltas contadas transversalmente e para baixo. Para encontrar a proporção de um desenho rotativo, desenhe ambas as formas, a *concorrente* (ambos os círculos na mesma direção) e a *oposta* (círculos em sentido contrário). Conte as voltas em cada uma delas, adicione os dois números e divida o total por dois. Isso resulta no número da maior proporção. Subtraia esse resultado do total da forma oposta para encontrar o número da menor proporção. As figuras rotativas para a relação a:b terão (b − a) voltas quando ambos os círculos forem concorrentes, e (a + b) voltas quando forem opostos.

Todos os desenhos mostrados aqui foram feitos com amplitudes iguais.

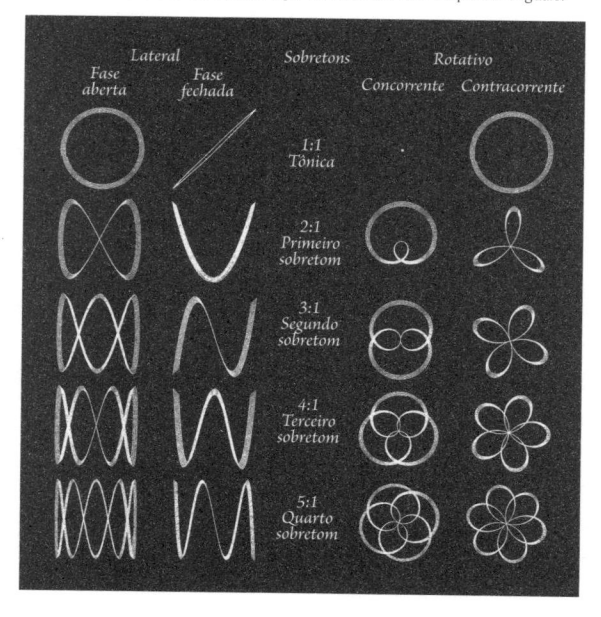

Lateral		Sobretons	Rotativo	
Fase aberta	Fase fechada		Concorrente	Contracorrente
○	╱	1:1 Tônica	·	○
∞	V	2:1 Primeiro sobretom	◯◯	✿
⋈	W	3:1 Segundo sobretom	⧬	❋
⋈	W	4:1 Terceiro sobretom	❀	❀
⋈	W	5:1 Quarto sobretom	❀	❀

Lateral		Sobretons	Rotativo	
Fase aberta	Fase fechada		Concorrente	Contracorrente
		1:1 Uníssono		
		2:1 Oitava		
		3:2 Quinta		
		4:3 Quarta		
		5:3 Sexta maior		
		5:4 Terça maior		
		6:5 Terça menor		
		8:5 Sexta menor		
		9:8 Tom inteiro (segunda)		

Apêndice D: Construindo um harmonógrafo

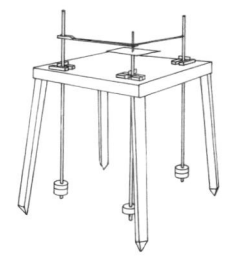

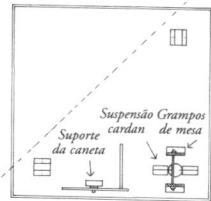

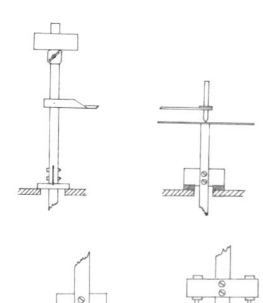

Qualquer pessoa seriamente interessada em construir um harmonógrafo deve pensar em ir direto para o modelo de três pêndulos.

A mesa deve ser extremamente rígida e firme sobre o chão, caso contrário os movimentos dos pesos serão distorcidos. Sugiro que a mesa esteja cerca de 90 cm acima do chão e tenha dimensões de 60 x 30 cm para um harmonógrafo com dois pêndulos, ou de 60 x 60 cm para um com três, com cerca de 2 cm de espessura e um anteparo ao seu redor com cerca de 8 cm de profundidade.

As pernas devem ser quadradas, com cerca de 6 cm de lado, abertas obliquamente para fora e com pontas na parte mais baixa. Uma maneira de conseguir a abertura é fixar suportes de madeira ou metal nos cantos debaixo da mesa, de cada lado das diagonais, e aferrolhar as pernas entre eles. Depois de ajustar as pernas para conseguir a abertura correta, elas podem ser fixadas nesta posição por meio de parafusos através do anteparo.

Para economizar espaço, corte a mesa ao longo da linha pontilhada (como mostrado na figura ao lado). Três pernas não são tão estáveis, mas funcionam muito bem.

A plataforma que sustenta o papel deve ser leve e rígida, fixada ao pêndulo com um parafuso rebaixado. Um tamanho de 22 x 16 cm servirá convenientemente para segurar metade de uma folha A4, presa por um elástico ou pequeno clipe.

Todos os tamanhos sugeridos são máximos, mas uma versão reduzida funcionará se for construída com cuidado.

Se você estiver tentado a construir um harmonógrafo, comece com os pesos, pois o instrumento só ficará satisfatório se estes forem realmente pesados e, ainda assim, fáceis de ajustar. É uma boa ideia fazer cerca de dez pesos de, digamos, 2 kg cada um, para que as cargas possam ser variadas. Eles devem ter por volta de 8 cm de diâmetro, com um furo central, ou melhor, com uma abertura ou fenda para um manuseamento mais fácil. Molde-os você mesmo utilizando chumbo ou cimento pré-misturado, ou peça a um revendedor de artefatos de metal ou a um profissional que os faça.

Os eixos devem ser feitos a partir de cavilha de madeira (hastes de metal são suscetíveis a envergar, podendo distorcer os desenhos) com cerca de 1,5 cm de diâmetro, e demarcados em centímetros.

Os grampos podem ser obtidos com fornecedores de equipamento para laboratórios. Para alguns dos desenhos são necessários pesos melhores, mantidos no lugar por esses grampos. Os grampos também podem ser adicionados às partes superiores dos pêndulos para conseguir uma "sintonia fina", com o acréscimo de uma ou mais arruelas.

O tipo mais simples de rolamento consiste em tiras de metal (latão) parafusadas a uma fenda no pêndulo, e polidas até as arestas estarem afiadas a fim de repousar em sulcos de cada lado.

Em um rolamento que envolva menos atrito, o pêndulo é revestido, no fulcro, por um bloco horizontal de madeira com cavilhas verticais de cada lado, polidas até que as pontas fiquem finas e possam ser apoiadas em cavidades nas placas de metal. Se a perfuração de um furo grande no bloco for muito difícil, ele pode ser feito em duas metades, cada uma escavada separadamente para receber o eixo, e depois parafusadas juntas.

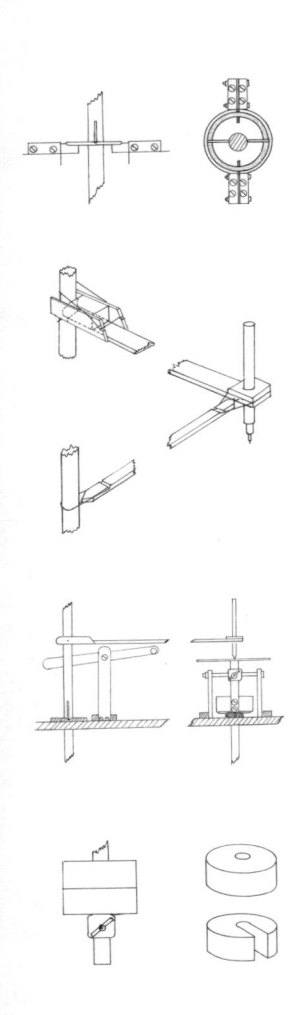

O movimento de rotação precisa de suspensões cardan. Aqui, os sulcos são polidos como o lado superior de um anel (por exemplo, a argola de um chaveiro), enquanto o lado inferior tem sulcos em ângulo reto com os sulcos superiores. Os sulcos inferiores encaixam-se em duas arestas salientes (tiras de latão), cada uma encerrada entre dois pedaços de madeira presos à mesa. Com o rolamento alternativo, uma grande arruela plana deve ser utilizada, com cavidades que recebam as pontas afiadas.

Os braços com caneta devem ser os mais leves possíveis, para minimizar uma "superestrutura".[13] Eles são facilmente montados a partir de tiras de madeira de balsa, vendidas em lojas de modelismo, usando argamassa de balsa e fita adesiva. Para dois pêndulos, o braço pode ser preso ao eixo com agulhas comprimidas, e a caneta pode ser encravada em um orifício na outra extremidade. Para três pêndulos, as peças laterais no braço devem circundar o seu eixo com firmeza, mas não com muita força, e devem ser presas delicadamente com um elástico fino. Um dos braços sustenta a caneta, enquanto o outro é mantido por agulhas salientes empurradas para trás e presas (suavemente), em ambas as extremidades, também por elásticos.

Pode muito bem haver formas melhores e mais sofisticadas de fazer tudo isso. Todas as sugestões são bem-vindas.

Um ajuste adicional é necessário para bloquear um pêndulo rotativo, de modo que o harmonógrafo possa ser utilizado apenas com os dois pêndulos de eixo único. Isso pode ser feito pela montagem de dois suportes em cima da mesa, perto do pêndulo rotativo, com furos para receber um longo pino horizontal (ligeiramente para um dos lados) ao qual o eixo pode ser preso.

As canetas devem ser finas, leves e soltas. A maioria das papelarias e lojas de material para projetistas e artistas oferece uma variedade de tipos (evite esferográficas ou canetas de ponta grossa). Para melhores resultados, utilize papel brilhante, "artístico" (papel especial tipo cuchê) ou "imitação" (papel velino, sem granulação, ou vegetal, que é translúcido); e, para experimentos preliminares, utilize papel comum como o usado em copiadoras e impressoras a *laser*.

Se a caneta é deixada sobre o papel até o fim do processo, geralmente aparece uma mancha disforme. Para evitar isso, monte uma pequena coluna na mesa, com uma alavanca ajustável que carregue um pedaço de tarugo fino colocado debaixo do braço da caneta. Ao elevar o tarugo suavemente, a caneta é levantada do papel sem deslocá-lo. Este dispositivo também deve ser usado antes de a caneta descer sobre o papel. Ao observar a caneta, você pode ver que padrão está sendo desenhado e empurrá-la de uma forma ou de outra pela pressão sobre os pêndulos.

Para proporções fora da oitava, como 4:1, você pode precisar de outro harmonógrafo, como o pêndulo de dupla elíptica de Goold (à direita).

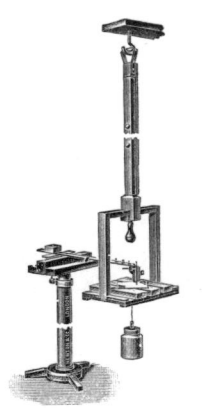

Notas da Tradutora

[1] Bailie Hugh Blackburn (1823-1909) foi um matemático escocês e professor da Universidade de Glasgow por cerca de trinta anos, sucedendo a seu pai, James Thomson, na cadeira de Matemática.

[2] Uma reunião para conversa ou discussões, especialmente sobre arte.

[3] Monocórdio é um instrumento de origem antiga usado para medir e demonstrar as relações matemáticas dos tons musicais. Consiste em uma única corda esticada sobre uma caixa de som, e em uma ou mais pontes móveis sobre uma escala graduada. Era usado na Grécia, por volta do século VI a.C., como instrumento científico para medir intervalos musicais, e o conhecimento a respeito dele foi transmitido para os teóricos medievais pelo filósofo Boécio (séc. V d.C.). Os primeiros tratados sobre o monocórdio datam do século X. O instrumento continuou a ser usado como ferramenta científica e de ensino nos séculos seguintes, e chegou até o século XVIII, sendo utilizado como auxiliar dos afinadores de órgãos. Referência: *"monochord"*. *Encyclopaedia Britannica Online*. Encyclopædia Britannica Inc., 2012. Último acesso: 19/12/2012.

[4] Esta citação foi retirada de um trecho da obra *Essay on Man* (1734), de Alexander Pope (domínio público): "Toda a natureza nada mais é do que arte desconhecida para ti; Toda probabilidade, direção que não podes ver; toda discórdia, harmonia não compreendida; todo mal parcial, bem universal. E, apesar do orgulho e da razão que falha, uma verdade é clara: tudo o que é, é correto." Referência: Alexander Pope, *An Essay on Man*. Hard Press, 2006.

[5] O termo "tiro de teste" ou "tiro de ensaio" é uma adaptação para o português da expressão inglesa *sighting shot*, que dá nome ao tiro dado para testar o ajuste da mira de uma arma de fogo. Aqui, o comentário aponta para os valores da tabela que servem de parâmetros de ajuste para as harmonias em relação ao pêndulo do harmonógrafo.

[6] A *musica universalis*, ou música das esferas, é um conceito filosófico antigo que considera as relações matemáticas nos movimentos dos corpos celestiais como uma forma de música. Não que essa "música" seja realmente audível, mas ela representa um conceito harmônico, matemático ou religioso. A ideia, que surgiu com Pitágoras e interessou pensadores de diversas áreas até o final do Renascimento, incorpora o princípio metafísico de que as relações matemáticas expressam qualidades ou "tons" de energia, e estes se manifestam em números, ângulos visuais, formas e sons – tudo conectado dentro de um padrão de proporção. Em uma teoria que ficou conhecida como *Harmonia das Esferas*, Pitágoras propôs que o Sol, a Lua e todos os planetas emitem seu próprio "zunido" singular (ou ressonância orbital), baseado em sua revolução orbital. Posteriormente, Platão descreveu a astronomia e a música como estudos "geminados" de reconhecimento sensorial: astronomia para os olhos, música para os ouvidos, ambos exigindo o conhecimento das proporções numéricas. Referências: Johannes Kepler, *The Harmony of the World* (1619). Trad. E. J. Aiton, A. M. Duncan e J. V. Field. Philadelphia, American Philosophical Society, 1997; Piero Weiss e Richard Taruskin, *Music in the Western World: A History in Documents*. Cengage Learning, 2008.

[7] No sentido de *intensidade* ou *volume* do som.

[8] *Seven-limit* é o termo que designa a natureza da harmonia em um gênero musical de acordo com sua apropriação dos harmônicos na série. O jazz, pelos acordes de alta complexidade, são assim classificados.

[9] O espirógrafo foi inventado pelo engenheiro britânico Danys Fisher, que o exibiu em 1965, na Feira Internacional de Brinquedos de Nuremberg (*Nuremberg International Toy Fair*). É um brinquedo para desenho geométrico, e produz curvas matemáticas

conhecidas como hipotrocloides e epitrocloides. Consiste em um conjunto de engrenagens de plástico e outras formas, como anéis, triângulos ou barras retas. As engrenagens apresentam-se em vários tamanhos, e suas extremidades possuem dentes para encaixe entre as diversas peças: por exemplo, pequenas rodas podem ser encaixadas por dentro ou por fora de anéis maiores, de forma a girar tanto na extremidade interna quanto externa desses anéis. Para utilizar o espirógrafo, uma folha de papel deve ser colocada sobre um papelão grosso, e uma das peças de plástico deve ser fixada no papel e no papelão. Em seguida, outra peça de plástico é encaixada nessa peça fixa através de seus dentes. Uma caneta é simultaneamente utilizada para desenhar e para mover a peça que está solta: sua ponta é colocada em um dos buracos, e, ao mover a peça, a figura é traçada.

[10] Ordem de sucessão dos tons e semitons na escala diatônica.

[11] Em português, *cimática* é o nome dado ao estudo das ondas, associado aos padrões físicos produzidos pela interação de ondas sonoras em um meio. O termo foi cunhado pelo cientista suíço Hans Jenny (1904-1972), e deriva do grego *kýma* (κύμα), que significa "onda", e *ta kymatiká* (τα κυματικά), que significa "assuntos referentes a ondas". Inspirado pela teoria dos sistemas e pelo trabalho de Ernst Chladni, Jenny iniciou uma investigação sobre fenômenos periódicos, especialmente a observação visual do som, e descreveu seu trabalho no livro de mesmo nome. Para mais informações: *Oxford Dictionary of Scientists*. Oxford, Oxford University Press, 1999, p. 101; Hans Jenny, *Cymatics: A Study of Wave Phenomena and Vibration*. Newmarket, Macromedia Publishing, 2001 (originalmente, dois volumes publicados em 1967 e 1974).

[12] Parece provável que a cantora vitoriana Margaret Watts Hughes tenha sido inspirada pelo trabalho de Michael Faraday, uma vez que usava o termo "crispação" quando discutia sobre os padrões que observava no eidofone. Como o cientista inglês, ela também se sentia muito atraída pela beleza das formas, e observou que não era apenas a altura e a magnitude do som, mas também a *qualidade tonal* da voz o que induzia características variáveis na forma das figuras – por essa razão, chamadas "figuras de voz". Margaret preferia as interpretações florais ao usar o eidofone, desenvolvido por ela em 1885, e atraía muitos convidados para a sua sala de visitas a fim de que a vissem "cantar uma margarida", como costumava dizer. Para mais informações: Margaret Watts-Hughes, *Voice Figures*. Hazell, Watson, and Viney, 1891.

[13] Referente a um peso incômodo e desnecessário. A palavra em inglês usada neste trecho, *top-hamper*, serve para descrever um material ou peso, como os mastros ou cordame, na parte superior de um navio.

VOCÊ PODERÁ SE INTERESSAR TAMBÉM POR:

Qual é o código secreto por detrás de tantas composições musicais?
Como substituir os acordes para criar maior complexidade musical?
Por que a música consegue mexer tanto com as emoções das pessoas?
Neste livro, o compositor e pianista Jason Martineau apresenta os elementos da música em termos claros e facilmente compreensíveis. Repleto de magníficos diagramas e com dicas musicais raras e fascinantes, o livro é um excelente recurso para iniciantes e profissionais ligados à arte musical.

facebook.com/erealizacoeseditora   twitter.com/erealizacoes   instagram.com/erealizacoes   youtube.com/editorae

issuu.com/editora_e   erealizacoes.com.br   atendimento@erealizacoes.com.br